音大生のための
憲法講義 15 講

簗瀬 進

共栄書房

音大生のための憲法講義 15 講

目　次

はじめに　5

第1講　憲法とは何か　6

 1　立憲主義——憲法は何のために・だれのために　6
 2　忘れてはならない伊藤博文の言葉　7
 3　近代憲法が誕生した歴史的背景　7
 4　音楽と憲法の接点　8
 column　モーツァルトとマリー・アントワネット　二人は同い年！　8

第2講　近代憲法の思想　10

 1　近代憲法の背景となった思想　10
 2　人権保障の歴史　13
 3　明治憲法の制定　14
 column　ルソーはオペラも書いていた！　16

第3講　明治憲法と日本国憲法　18

 1　明治憲法の破たん　18
 2　日本国憲法の成立　19
 3　日本国憲法の基本原理　21
 4　憲法前文　21
 5　国民主権主義（主権在民）　23
 column　啓蒙主義と音楽　24

第4講　天皇制　27

 1　国民主権と天皇制　27
 2　象徴天皇制　27
 3　天皇の権能　29
 4　天皇の公人的行為　31
 5　「象徴天皇」のむずかしさ　31
 column　天皇の愛した尺八　33

第5講　平和主義　36

 1　平和主義　36

2　憲法9条　36
　　3　自衛隊についての政府見解　39
　　4　憲法9条についての最高裁の判断　39
　　5　集団的自衛権と個別的自衛権　40
　　6　「平和安全法制」の概要　42
　　7　立憲主義の危機　42
　　8　シビリアンコントロール　44
　　column　ベルリンの壁の開放と「第九」　46

第6講　基本的人権　その1　47

　　1　人権総論　47
　　2　人権保障全体にかかわる諸原則　50
　　column　音楽は、貴族の館のBGM　55

第7講　基本的人権　その2　57

　　1　包括的人権　57
　　2　法の下の平等　59
　　3　精神的自由権　60
　　column　「飲んだくれ」の背景　ベートーベンの父親の場合　69

第8講　基本的人権　その3　71

　　1　経済的自由権　71
　　2　財産権　72
　　column　「魔笛」は、危険なオペラ!?　74

第9講　基本的人権　その4　77

　　1　国務請求権（受益権）　77
　　2　社会権（社会国家的国務請求権）　79
　　3　参政権　82
　　column　「フィガロの結婚」と「モーツァルトの結婚」　86

第10講　基本的人権　その5　88

　　1　私的生活の不可侵　88

2　刑事手続きにおける人身の自由　89
　　　3　国民の義務　93
　　column　モーツァルトの「職業の自由」　95

第11講　国会　97

　　　1　三権分立　97
　　　2　国会　98

第12講　行政　104

　　　1　内閣　104
　　　2　財政　107

第13講　司法・地方自治　111

　　　1　司法　111
　　　2　地方自治　117

第14講　憲法と音楽文化　120

　　　1　音楽文化に関係する法律　120
　　　2　文化関係予算の現状　123
　　column　ベートーベンと啓蒙主義　126

第15講　憲法保障と立憲主義の未来　128

　　　1　憲法保障　128
　　　2　憲法改正国民投票法　131
　　　3　立憲主義と民主主義の未来　134
　　column　クロイツァーの「ラ・カンパネラ」　136

参考文献　138
あとがき　139

付録1　日本国憲法　140
付録2　フランス人権宣言のさきがけとなったヨーゼフ革命　150
付録3　年表「モーツァルトとフランス革命」　155

はじめに

　衆参あわせて19年弱の国会議員生活を経て、あらたに音楽大学で日本国憲法を教えることになった。

　授業を受ける学生は、司法試験を目指す法学部の学生とはいささか雰囲気が異なる。多くの学生の受講理由は、日本国憲法が教職課程の必修とされているからであろう。

　このような学生諸君に向け、憲法と音楽の接点を積極的に指摘したうえで、コンパクトな憲法講義を目指す。それが私の講義の基本的な指針である。

　フランス革命の契機となった1789年という年は、近代憲法にとって最も基準となる年号である。そのときモーツァルトは33歳、彼はそれから2年後に死亡する。ベートーベンは19歳、彼のウィーンでの華やかなデビューが待っていた。

　音楽の世界で、もっとも深い影響力をもつ2人の大作曲家と近代憲法の誕生は、まさに同時代であったのである。

　近代憲法は、人間の本質的な自由と平等を希求する理想への挑戦であった。そして、その根底には、それまでの迷信と偏見から合理的精神を研ぎ澄まし、真実なるもの、善なるもの、美なるものをひたすら求める啓蒙主義が脈々と流れている。憲法と音楽は、啓蒙主義のとうとうとした潮流のなかで、それぞれ産声を上げ、大きな開花期を迎えたと言ってよい。

　憲法を学ぶことは、天使と悪魔の両性を具有する人類が、理想を求めて悪戦苦闘してきた歴史を知ることである。そしてそれは、偉大な音楽家たちが、究極の美を求めて悪戦苦闘してきた歴史と完全に重なり合う。憲法と音楽には、そんな究極の共通点があると私は考える。

　以上の考えに立って、全15講をまとめた。

第1講 憲法とは何か

1 立憲主義——憲法は何のために・だれのために

　世界の歴史は、非科学的な「迷信」と「偏見」が支配し、他者の「人権」を容易に認めようとしない時代が長く続いた。近代社会になって、ようやく合理的な科学精神と人道主義が優位となる「理性の時代」が始まった。

　国家の統治が、支配者の勝手気ままに委ねられた体制は専制主義であり、このような支配の在り様を**「人の支配」**ということができる。これに対し、権力者の恣意的な支配から国民の権利を守るために、憲法を頂点とする**「法の支配」**に変えていく、これこそ、人類が苦難の果てにたどり着いた「英知のシステム」であり、そして同時に民主主義の本質である。

　このように、**憲法を中心にして世の中を組み立てていくという考え方が立憲主義**である。立憲主義の根底には、憲法は**「国民の意思によって権力を縛る」**ためにあるとの根本的な理念がある。

　憲法は、権力者の勝手気ままな支配から国民の権利を守るために、多大な犠牲を払いつつ長い時間をかけて到達した、人類の究極のシステムである。

　「憲法は、政治家の支配を容易にするための道具」であるかのような発言がときどき政治家から聞こえてくることがあるが、それは大変な誤解である。

　憲法の矛先が向けられているのは権力者である。そして憲法の究極の目的は、権力の乱用から国民の権利を守ることにある。これが立憲主義の本質であり、この根本原理を理解することこそ、憲法を学修する最大の意義である。

2　忘れてはならない伊藤博文の言葉

　明治憲法の制定に深くかかわった伊藤博文は、帝国議会において「**そもそも憲法を設ける趣旨は、第一に君権を制限し、第二に臣民の権利を保全することにあり**」と明言した。
　「君権」とは、明治憲法における主権者であった明治天皇を指している。アジア初の近代憲法を制定しようとする伊藤の覚悟が伝わってくる言葉である。
　明治憲法は、その不十分さゆえに太平洋戦争の遠因となりやがて破綻する。しかし立憲主義の大原則は、しっかりと認識されていたことを記憶にとどめるべきである。

3　近代憲法が誕生した歴史的背景

　ローマ帝国の圧迫をはねのけ全ヨーロッパ的な広まりを見せたキリスト教が支配的となった中世は、やがて各地に割拠する封建領主を統合する強大な君主が登場するようになる。
　君主は、弱小の封建領主をじわじわと糾合し、彼らを宮廷に集め、官僚制を整備し、強い軍事力と経済力を備えた近代国家の基礎を築いた。これがいわゆる絶対王政である。
　絶対王政を支えた政治思想は、君主の支配権は「神から授かった」として正当化する思想、すなわち王権神授説であった。
　しかし、産業革命以後、急速に力をつけた市民層や、急激な経済変化に置きざりにされ困窮した庶民層に、それぞれ専制君主に対する不満と反発が蓄積されていく。そして、それが爆発して新しい体制を導くこととなる。
　1775年に始まり1783年に終わった植民地アメリカのイギリスに対する独立戦争、そして1789年のバスティーユ襲撃に始まるフランス革命は、勃興する市民層の旧体制を変革しようとする大きな力を発揮した。

その結果、人類の歴史に登場したのがアメリカ独立宣言、フランス人権宣言などの近代憲法であった。

4　音楽と憲法の接点

音楽と憲法の関係性と言っても、多くの学生諸君は首をひねるかもしれない。しかし、歴史上偉大な音楽家も、最初から創造の自由を与えられていたわけではない。多くが封建的な身分制にがんじがらめになりながら、悪戦苦闘してきたのである。

一見無縁な憲法と音楽の間に、実は大きな共通点がある。それは、自由を求めてのあくなき挑戦である。

本書では随時、コラムを中心に音楽と憲法の関連についてもふれていく。

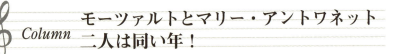

Column　モーツァルトとマリー・アントワネット 二人は同い年！

神童モーツァルトが、ウィーンのシェーンブルン宮殿に招かれ女帝マリア・テレジアの御前で演奏したのは1762年の10月13日、彼が6歳の時だった。このとき、転んだ彼を助け起こした女帝の末娘マリー・アントワネットに対して、「ぼくは将来君と結婚してあげる」と叫んだとの伝説がある。映画「アマデウス」にも出てくる有名なシーンだが、実際このとき彼らは何歳だったのだろう。

マリー・アントワネットが誕生したのは1755年11月2日。そして、モーツァルトの誕生は翌1756年の1月27日。たしかにアントワネットは年上だが、二人の年の差は、2か月余り。初めての出会いの10月の時点では、二人はともに同い年の6歳だったのである。

誕生の時もほぼ同時期なら、死亡の時期もそんなに離れてはいない。モーツァルトが妻コンスタンツェとその妹に囲まれて死亡したのが1791年12月なら、アントワネットが断頭台の露と消えたのが1793年

10月、モーツァルトが死亡してから1年10か月後にマリー・アントワネットはこの世を去る。モーツァルトは35歳11か月、アントワネットは37歳11か月の命だった。

「公知の事実」
　マリー・アントワネットは、なんといってもフランス革命の悲劇のヒロインである。
　女帝の結婚政策の一環として、フランス王太子ルイ・オーギュスト（のちのルイ16世）のもとに送り出されるのが14歳の年。一度も母国に帰ることもなく毅然として断頭台に上る彼女は、時代を象徴する存在でもあった。そして全ヨーロッパの人々、とりわけ出身地のハプスブルクの中心地ウィーンでは人々の最も高い関心を集めていた女性だったはずである。
　もちろん残されたモーツァルト書簡には、アントワネットに触れた記載は一言もない。しかし、それを理由にして、モーツァルトがアントワネットやフランスの様々な事情について知識を持っていなかったと断定することはできない。むしろ、誰でも知っている世間一般的な情報（これを法廷の証拠法則では「公知の事実」という）は、モーツァルトも当然持っていたはずである。
　それどころか、6歳のときのシェーンブルン宮での出会いという個人的体験に始まり、モーツァルトを理解し支援した啓蒙君主ヨーゼフ2世（アントワネットの長兄）や、ヨーゼフ2世の側近であり、モーツァルトの寂しい少数の葬儀にも立ち会ったスヴィーテン男爵をはじめとする多くの有力な貴族との交流もモーツァルトにはあった。機微な事情まではいかなくとも、庶民以上の情報は持ち得ていたと考えるのが相当であろう。
　以上のように考えると、近代憲法と音楽の接点を考えるとき、特にフランス革命とモーツァルトの間には、いままで見えなかったさまざまな接点が見いだせそうな気がする。

第2講　近代憲法の思想

1　近代憲法の背景となった思想

市民社会の興隆

　近代憲法を生み出した思想はどのように形成されてきたのか。BC 1世紀から17世紀まで、ヨーロッパの歴史をざっと概観してみよう。

　まず、ローマ帝国が東西に分裂し、「パックス・ロマーナ」すなわちローマの支配が終焉を告げた。すると、ローマ法皇を頂点とする宗教権力の隆盛と封建勢力の割拠という状況が生まれ、「中世の暗黒時代」が到来する。キリスト教神学全盛の時代であり、迷信、伝説、土俗的な神話が優勢となって科学は低迷する。

　14世紀に入って、イタリアにルネサンスが起こる。人間と自然を科学的に見つめる新たな時代が始まった。

　そして15世紀半ばになると、海外進出や新大陸の発見といった大航海時代を迎える。経済活動は活発となり、優越的な勢力が出現するようになる。そして弱小の封建領主を糾合する中央集権的な国王が出現し、近代国家につながる「絶対王政」が登場する。

　経済の活性化、国家体制の整備は、経済力をもった職人や商人が活躍する「市民社会」を形成する。同時に、国王の権力を神が正当化する「王権神授説」に疑問を投げかける科学的思考が登場する。

啓蒙主義と2つの政治思想

　このようにして、今までの宗教的な世界観から、神から離れて、人間が共通して持っている理性を中心に真理を追究しようとする考え方が登場する。このような考え方を啓蒙主義という。17世紀の後半にイギリスに生まれ、やがてフランスそして全ヨーロッパに広がっていった。

啓蒙主義は合理的・批判的な精神にもとづき、伝統的権威や迷信的な思想を徹底的に批判。理性の啓発による真理の探究によって、はじめて人間社会の前進が実現できると考えた。

　啓蒙主義は、経済力を得つつあった新しい市民階級の思想的なバックボーンとなっていく。そして、今までの君主制を支えてきた王権神授説や、人権を否定・軽視してきた封建的な諸制度をきびしく批判するようになる。

　啓蒙主義にもとづき、自由と平等は人間が生まれながらに持っている権利であると考える自然権思想、権力は社会を構成する人民の契約によって生まれたと考える社会契約説が生まれる。この２つの政治思想が、近代憲法を生み出す大きな思想的背景となっていく。

自然権思想と社会契約説
　近代憲法の背景となった３人の思想家——イギリスのトマス・ホッブスとジョン・ロック、そしてフランスのジャン・ジャック・ルソーの名前は覚えておこう。さらに、三権分立を唱えたフランスの哲学者モンテスキューも忘れてはならない一人である。

①トマス・ホッブス（1588 – 1679、英）代表作：「リヴァイアサン」
【要約】人間は、だれもが自己の生命や財産を守るための自己保存権を持っている。しかし、自然状態ではやがて人間は「万人の万人に対する闘争」を始める。それを回避し、自らの自己保存権を守るために、各自の権利を放棄し、権力者に譲り渡した。
・社会契約説を初めて主張したのがホッブス。権力の源泉は、神が与えたものではなく人間相互が作り出したものであると主張。
・ホッブスは、自然状態にもどらないようにするには、国家に対する抵抗は認めるべきではないと考えたが、ロックは、権力が暴走した場合は、契約に違反した国家に対して抵抗してもよいと考えた（抵抗権）。

②ジョン・ロック（1632 – 1704、英）代表作：「市民・政府二論」「統治論」

【要約】自然状態の人間は、等しく生命、自由、財産に対する権利を持っている。これが、人間が生まれながらに持っている自然権である。しかし、そのまま放置すれば、人間同士はやがて闘争状態に陥る危険がある。これを避けるため、各自が契約をして共同社会を作った。そして市民は、社会を運営するものとして「政府」を設立し、自らの自然権の保護を統治機関にゆだねた。

・ロックは、契約で政府ができたという考え方を徹底し、政府が国民の意に反してその自然権を奪うことがあれば、政府を変更することも許されると考えた。これが抵抗権である。

・抵抗権思想は、イギリスでは名誉革命の理論的バックボーンになった。さらに、植民地アメリカのイギリスに対する独立戦争の思想的背景となり、初の近代憲法と言うべきヴァージニア権利章典にも明記された。

③ジャン・ジャック・ルソー（1712－1778、仏）代表作：「人間不平等起源論」「社会契約論」

【要約】人間は、自然状態では道徳や社会と切り離された完全に孤立した状態（「孤独と自由」）。やがて社会ができるが、そこには不平等と支配そして悪徳がはびこり、社会はやがて堕落する。それゆえ、すべての人間の自由と平等を保障するためには、党派や政治家による抑圧を排した「一般意志」への絶対服従が必要とされる。

・ルソーは、社会に存在する人間の意思を、「特殊意志」（社会を構成する一人ひとりの意志）、「全体意志」（特殊意志の単純な総合）そして「一般意志」（相反する特殊意志が相殺され残った意志）の3つに分類した。

　そして政治は「一般意志」と契約して行われるべきであり、一般意志に従うことが理想であると考えた。ルソーは、「直接民主制」こそ理想であると考えていた。

　ルソーの社会契約説は、ホッブズ、ロックとは若干ニュアンスは違う。しかし、社会や政治の理想を国民意志の反映に求める点では、共通のベースに立っている。

権力分立論

　近代憲法の背景となった思想には、上記の社会契約説のほかに、権力の暴走を防ぐために政治権力を分散させるべきだとする考え方がある。

　代表的論者はイギリスのジョン・ロックと、フランスの哲学者<mark>モンテスキュー</mark>（1689－1755、仏）である。

　ロックは、立法権は議会に、執行権（司法権、外交権も含む）は国王に属すると考えたうえで、議会の立法権は執行権に優位するとした。

　モンテスキューは、司法権を行政権から独立させ、立法、執行、司法の三権分立を説いた。代表作は「<mark>法の精神</mark>」（1748）である。

2　人権保障の歴史

①マグナカルタ（1215、英）
　国王ジョンの逮捕拘禁する権利や課税権に対し封建貴族が抵抗、これらを制限した。

②権利章典（1689、英）
　国王といえども否定できない国民の諸権利を確認した法律。憲法典を持たない不文憲法の国、イギリスのコモン・ローの中心。

③ヴァージニア権利宣言（1776、米）
　1775年、アメリカ大陸でイギリス政府に対する独立戦争※が勃発。そのさなか、ヴァージニア地方（まだ州になる前）で可決された世界で初めての人権宣言。その後に制定された統治関係の諸規定と一体となってヴァージニア憲法となった。

※アメリカ独立戦争（1775－1783）：北アメリカにあった13の英国領植民地が大英帝国に対して独立戦争を起こした。フランス、スペイン、オランダは独立を支持しイギリスに対戦。この戦争が契機となって、独立の背景となった人権思想や憲法の諸理念が関係国をはじめ世界全体に伝わり、近代憲法成立の大きなきっかけとなった。

④アメリカ独立宣言（1776、米）
　ヴァージニア権利宣言の1か月後、アメリカ建国の13州が集まって大陸会議を開催し、イギリスからの独立を宣言。起草者はトマス・ジェファーソン。主な内容として、自然権としての人権の承認、人権を確保

するための政府（Government）、人民主権主義、革命権を宣言した。

⑤アメリカ合衆国憲法（1787、米）

当初、独立13州の立場が強調され、人権保障の諸規定は連邦政府に強い権限を与えることになりかねないので、激しい論議の末に置かないこととされた。しかし、論議は続き、4年後の1791年に改めて修正第1条から10条の権利章典が付けくわえられた。

⑥フランス人権宣言（1789、仏）

1789年7月14日、パリ市民が武装蜂起してバスティーユ牢獄を襲撃、やがてフランス王政を覆すフランス革命がこの日に勃発した（フランスの祝日である「パリ祭」は、この日を記念したものである）。同年8月26日に採択されたのが「人および市民の権利の宣言」、いわゆる「フランス人権宣言」である。その2年後、1791年にフランス憲法が制定された。その冒頭にこの人権宣言が置かれ、現在のフランス憲法にも引き継がれている。

⑦ヴァイマル憲法（1919、独）

生存権を保障した世界初めての憲法。多くのプログラム規定を含むことでも有名。

⑧世界人権宣言（1948）

1948年12月10日の第3回国際連合総会で採択された。すべての人民とすべての国が達成すべき基本的人権についての宣言。

⑨国際人権規約（1966）

世界人権宣言の内容を条約化。批准国には実施の法的義務が課されることになる。人権の国際化を推し進める新しい流れ。社会権、自由権についての第1選択議定書（1976年に発効）、死刑廃止についての第2選択議定書（1991年発効）などがある。

3　明治憲法の制定

制定の経緯

日本で初めての近代憲法である「大日本帝国憲法」が発布されたのは、

バスティーユ襲撃事件からちょうど100年後の1889（明治22）年2月11日であった。そして、翌年の1890（明治23）年11月29日に施行された。

　明治維新は、はじめは議会制民主主義を目指したものではなかった。

　明治新政府の基本方針となった**五箇条の御誓文**の第一条にある「広く**会議**を興し、**万機公論**に決すべし」は、やがて自由民権論者によって民選議会を開設すべき根拠とされるようになった。

　議会開設とともに新たな憲法の制定が必要との議論が起こった。そして、伊藤博文の主導のもと、ドイツ人法律顧問のロエスラーなどの意見を参考にして、立憲君主型のプロイセン憲法などを参考にして憲法典は起草された。

明治憲法の特色

　明治憲法のもっとも大きな特徴は、天皇主権が明記されたことであった。すなわち、憲法は天皇が定めた欽定憲法であり、天皇がこの国の元首としてこの国の統治権を持つとされたことである（大日本帝国憲法1条、4条）。

　皇位継承や天皇の身分などの天皇関連の規定は「国体」と総称され、憲法制定以前から存在する不変の原理とした。

　しかし他方で、政治体制については、立法は帝国議会の協賛を必要とし（5条、7条）、行政の権能は国務各大臣の「輔弼（ほひつ）」により行うとされ（55条）、司法の独立を明記するなど（57条）、当時の世界水準並みの立憲主義の内容を持ったものであった。

　さらに、明治憲法制定を主導した伊藤博文自身も、憲法制定会議で「そもそも憲法を設ける趣旨は、第1、君権を制限し、第2、臣民の権利を保全することにある」と明言しており、立憲主義の流れに立っていたことは第1講でふれたとおりである。

　しかし、天皇を主権者として規定し、天皇に陸海軍の統帥権（とうすいけん）を認めるなどの歴史的な限界を持っていた。そのため、やがて軍部の独走を許し、無謀な太平洋戦争に陥る遠因ともなっていった。

Column　ルソーはオペラも書いていた！

　私は、近代憲法をはぐくんだ啓蒙主義の講義に入る前に、必ず以下の課題を出すことにしている。

Ｑ１　ルソーが作曲したと言われる、だれもが知っている「歌」があります。それはなに？
Ｑ２　その曲が含まれているルソー作曲のオペラの名前はなに？
Ｑ３　その曲の台本をもとに作曲されたモーツァルトのオペラ（ジング・シュピール）はなに？

　ネットの検索サイトをあたれば、すぐわかる。
　答えは、「むすんでひらいて」（Ｑ１）、「村の占い師」（Ｑ２）、「バスティエンとバスティエンヌ」（Ｑ３）となる。
　ルソーと言えば「社会契約論」であり、近代憲法の思想的背景である啓蒙主義の代表的な思想家であることはだれもが知っている。
　しかし実はルソーがパリの知識人の間で最初に脚光を浴びたのは、フランスオペラとイタリアオペラの優劣を論じる「ブフォン論争」であり、さらに自説を論証するために「オペラ」を作り、そのオペラの一節が、イギリス、アメリカ、そしてわが国まで伝わり、賛美歌や童謡、はては軍歌にまでかたちを変えながらも歌い継がれ、また、モーツァルトの最初のオペラの題材にまでなっていたとは、到底想像できなかった。当時の啓蒙主義の伝播力がいかに凄まじいものであったかを実感させてくれる。
　「村の占い師」は、1752年10月13日、ルイ15世とポンパドゥール夫人の前で初演（フォンテーヌブロー宮殿内）、翌年の3月1日、パリのオペラ座で上演されて大成功。2日、4日と続き、以後18世紀を通じてオペラ座の重要なレパートリーとなる（巻末付録3参照）。
　そして、この台本をベースにして12歳のモーツァルトが書いたの

が音楽劇（ジング・シュピール）「バスティエンとバスティエンヌ」であった。

啓蒙主義がつなぐ音楽と近代憲法

双方とも CD が出ており、比較して聞いてみると面白い。講義では、中古 CD 店で入手した貴重な LP 盤レコードをかける。名テノール、ニコライ・ゲッダ、指揮はルイ・ドゥ・フロマン。シンプルな、なかなか素敵なオペラである。「むすんで」の最初の 2 小節に似ているメロディは、2 か所ほどでてくる。

登場人物は、若い男女の恋人と、仲を取り持つ「占い師」「魔術師」という 3 人であり、モーツァルトの台本はまさにルソーのパロディであることが歴然としている。ただし、ルソーには申し訳ないが、モーツァルトのほうが 12 歳ながら、すでに音楽的には成熟している。

これらの事実を知ると、18 世紀のヨーロッパが、われわれの予想を上回る共通の社会的な気分や、新しい文化の連帯を醸成しつつあったことがよく理解できる。そして、その共通項は、「迷信や偏見を超越し、理性の目で真実を見抜く」といった社会の潮流、すなわち啓蒙主義であったと言えよう。

そして、近代憲法を育んだ啓蒙主義思想は、音楽の世界にもさまざまな変化をもたらすことになる。政治において王権神授説が否定されていくのと同様に、音楽は、神および支配者への讃美・奉仕の音楽から、人間自体を問いかける音楽に脱皮していく。その先駆けが、モーツァルトであり、ベートーベンであった。

第3講　明治憲法と日本国憲法

1　明治憲法の破たん

　明治憲法（正式名称：大日本帝国憲法、発布：1889（明治22）年2月11日）によって、わが国はアジアでもっとも早く立憲主義と民選議会を取り入れた。しかし、以下のような立憲君主制に特有の限界があった。

明治憲法の歴史的な限界
①**主権は天皇にあり国民は「臣民」**と位置付けられていた（＝立憲君主制）（「天皇は統治権を総攬す」4条）
②**人権保障は「法律の留保」つき**だった
③**不完全な二院制**
④**天皇の統帥権**規定：天皇は陸海軍を統帥するとの規定（11条）があり、軍部が独走するきっかけとなった。「統帥」とは、軍隊を統率し指揮すること

　②の「法律の留保」とは、「法律」さえあればあらゆる人権も制限できる、というのが明治憲法の人権保障だった。一例をあげると、明治憲法にも「表現の自由」を認める規定はあったが、治安維持法や国家総動員令などが太平洋戦争の前に制定され、表現の自由が奪われた。
　③の「不完全な二院制」とは、帝国議会は設置されたが**民選議員は衆議院のみ**だった。貴族院は「皇族、華族、勅任議員（天皇が選ぶ）」からなり、帝国議会の半分は国民の代表ではなかった。また、議会の立法権に優越する「天皇大権」や「政府の独立命令」が認められていたため、議会による立法権は天皇の統治権による制限を受けた。

翼賛政治から敗戦へ

　明治憲法では、規定上は大臣の任免権は天皇にあるとされたが、天皇が現実に選任したわけではなかった。

　初期には維新の「元勲」が決定、後には総理大臣経験者からなる「重臣」の諮問によって総理大臣が任免され、総理が各大臣を推薦するといった運用が行われた。さらに、大正末期から昭和初期にかけては、イギリスのように衆議院選挙の第一党が内閣を構成する、いわゆる議院内閣制が「憲政の常道」とされた時代もあった。

　しかし、統帥権の独立論を背景にして、じょじょに軍部の力が強くなっていった。その象徴的な事件が、1932（昭和7）年の**五・一五事件**（犬養首相の暗殺）、1936（昭和11）年の**二・二六事件**（陸軍の青年将校1500名による首相官邸襲撃）だった。

　そして、1940（昭和15）年には、すべての政党は解散し、「大政翼賛会」が組織され、日本の議会制民主主義は完全に形骸化する。大政翼賛会が組織する「翼賛内閣」のもと、挙国一致体制で太平洋戦争に突き進み、内外ともに未曾有の惨禍をもたらしたうえで敗戦。連合国の突きつけたポツダム宣言を受諾した時点で、天皇の主権は消滅し、大日本帝国憲法は失効することとなった。

2　日本国憲法の成立

ポツダム宣言の受諾と降伏

　1945（昭和20）年8月14日、日本は降伏要求の最終宣言であるポツダム宣言を受諾した。「受諾」の法的意味は、日本国として自らの決定で国家主権（国及び天皇の）を放棄したことを意味する。

　国家主権の放棄が国際法的に確定するのは、降伏文書の調印をした1945年9月2日である。この日以降、サンフランシスコ平和条約（1951年9月調印、52年4月28日発効）による主権回復まで、日本国の主権は連合国最高司令官（マッカーサー）の制限の下におかれることになった（連合国＝アメリカ、イギリス、中国、ソビエト連邦）。

新憲法の施行までの経緯

1946年2月13日		マッカーサー草案の提示
	4月10日	日本で初めての完全普通選挙による衆議院議員の総選挙が実施
	6月20日	第90回帝国議会に「日本国憲法草案」が付議。衆議院2か月、貴族院50日の審議で両院とも圧倒的多数で可決。それぞれ、重要な修正（（衆）⇒9条2項「前項の目的を達成するため」、（貴）⇒66条2項「文民規定」）も行われた。
	10月7日	日本国憲法についてのすべての手続きが終了
	11月3日	公布
1947年5月3日		新憲法施行（公布から6か月で施行。明治憲法100条に準拠）
1952年4月28日		サンフランシスコ平和条約が発効。これにより日本国の主権が回復

日本国憲法は「おしつけ憲法」か？

　日本国憲法は、敗戦後の占領下に連合国側から一方的におしつけられたものだから、正当性は認められないとする考え方がある。

　それに対し私は、日本初の完全普通選挙によって選ばれた衆議院議員が参加し、圧倒的多数の賛成で新憲法が制定されている以上、現憲法の正当性を否定することはできない、と考えている。なぜなら、マッカーサーより草案が提示されてから2か月後には、選挙権を得た女性も参加して初めての完全普通選挙が行われている。選挙の際の主要論点が「新憲法の制定」であったことは国民に十分認識されていたはずであり、衆議院においては、当選議員全員が参加して憲法制定の議論が行われた。民主的な国民の意思表明の結果憲法が制定されたことは間違いない事実である。

　また、マ草案の「一院制」が「二院制」に変わり、国会の修正においても、象徴天皇の地位が「主権の存する国民の総意に基づく」ことが明記され、のちに大きな政治的対立につながる9条2項の修正（いわゆる「芦田修正」）があり、貴族院においては「文民規定」が追加されるなど、重要な修正が新国会で行われた。

　これらを総合して考えれば、新憲法制定の正当性を否定することは許

されないと考える。

3 日本国憲法の基本原理

　太平洋戦争は、連合国の日本に対する降伏要求（＝ポツダム宣言）を受諾することによって終結した。
　ポツダム宣言は12項目からなっており、その主な内容は、「無責任な軍国主義の駆逐」（第6項）、「民主主義的傾向の復活強化」（第10項）、「言論、宗教、思想の自由並びに基本的人権の尊重」（第10項）、「日本国民の自由に表明せる意思に従い平和的傾向を有し責任ある政府を樹立」（第12項）などであり、それぞれが、日本に対する連合国の占領を解除する条件とされていた。
　ポツダム宣言の受諾によって、日本国および天皇主権そのものも否定された。それは同時に、大日本帝国憲法が実効性を喪失したことを意味している。したがって、敗戦直後のわが国が一刻も早く主権を回復するためには、ポツダム宣言に指摘された諸点を内容とする新たな憲法を制定することが当然の緊急課題であった。
　また、連合国に指摘されるまでもなく、未曾有の戦争の惨禍に苦しんだ国民一人ひとりの真摯な反省と平和への切実な願いが、新憲法制定の大きなエネルギーになっていたことは言うまでもない。
　こうして新たに制定された日本国憲法には、過去の歴史の真摯な反省を踏まえ、新たな国の指針として3つの大きな原則が宣言されている。それが国民主権主義、平和主義、基本的人権の尊重の3つである。そして、これらは日本国憲法の3つの基本原理あるいは三大原則と解釈され、憲法改正の手続きによっても改正することのできない、憲法規範の中でもっとも上位に置かれる規範として、根本規範と解されている。

4 憲法前文

　前文は、憲法を貫く基本的な精神を宣言した規定である。前文は、単

なる政治的な声明ではない。法解釈上、以下の2つの意義を持っている。
(1)憲法制定の歴史的経緯を現在および将来にわたって明確にしておく。
(2)個別の各条文の基本的な解釈指針を明示する。

国民主権主義の宣言（①）

　日本国民は、正当に選挙された国会における代表者を通じて行動し、われらとわれらの子孫のために、諸国民との協和による成果と、わが国全土にわたつて自由のもたらす恵沢を確保し、政府の行為によって再び戦争の惨禍が起こることのないやうにすることを決意し、ここに主権が国民に存することを宣言し、この憲法を確定する。

民主主義（②）

　そもそも国政は、国民の厳粛な信託によるものてあつて、その権威は国民に由来し（→ by the people）、その権力は国民の代表者がこれを行使し（→ of the people）、その福利は国民がこれを享受する（→ for the people）。

根本規範（憲法改正の限界）（③）

　これは人類普遍の原理であり、この憲法はかかる原理に基くものである。われらは、これに反する一切の憲法、法令及び詔勅を排除する。

恒久平和主義の宣言（④）

　日本国民は、恒久の平和を念願し、人間相互の関係を支配する崇高な理想を深く自覚するのであつて、平和を愛する諸国民の公正と信義に信頼して、われらの安全と生存を保持しようと決意した。われらは、平和を維持し、専制と隷従、圧迫と偏狭を地上から永遠に除去しようと努めてゐる国際社会において、名誉ある地位を占めたいと思ふ。われらは、全世界の国民が、ひとしく恐怖と欠乏から免かれ、平和のうちに生存する権利を有することを確認する。

国際協調主義（⑤）

　われらは、いづれの国家も、自国のことのみに専念して他国を無

> 視してはならないのであつて、政治道徳の法則は、普遍的なものであり、この法則に従ふことは、自国の主権を維持し、他国と対等関係に立たうとする各国の責務であると信ずる。

第4段は、前文に明記された重要な基本原理に対する日本国民の決意を宣言し前文を締めくくった。

> 日本国民は、国家の名誉にかけ、全力をあげてこの崇高な理想と目的を達成することを誓ふ。

前文の論理構成を分析すると、次のようになっている。
①「国民主権」の宣言→②「民主主義」による国民主権の補強→③根本規範の宣言→④「恒久平和主義」の宣言→⑤「国際協調主義」による平和主義の補強→⑤日本国民の誓い
3つの基本原則のうち「基本的人権の尊重」については、前文では「人類普遍の原理」に包含するにとどめ、本文中で最も条文の数の多い第3章「基本的人権」に譲っている。

5　国民主権主義（主権在民）

「主権」とは、国政に関する最終的な決定権を意味する。憲法前文は、**国の政治の最終的な決定権が国民にある**ことを宣言し、**国民主権主義が憲法のもっとも重要な原則**であることを明らかにした（前文第1段）。
「国民がこの憲法を確定する」とは、国の最高法規である憲法を制定する権限、すなわち**憲法制定権力**が国民にあるとの宣言である。
「そもそも国政は〜福利は国民がこれを享受する」という部分は、有名なリンカーンのゲティスバーグの演説の最後（Government of the people, by the people, for the people）と同様に、民主主義の本質を述べたものである。
前文はさらに、国民主権主義の考え方が「人類普遍の原理であり、こ

の憲法は、かかる原理に基づくものである」とし、日本国憲法が、アメリカのヴァージニア権利章典やフランス人権宣言など近代憲法の流れを受け継ぎ、国民主権主義と民主主義が、「憲法のなかの憲法」すなわち憲法の「根本規範」であることを宣言したものである。

　第1段の最後の文は、法令や詔勅はもちろん**「これに反する一切の憲法」を排除**するという強い表現を用いた。これは、国民主権主義、民主主義、平和主義、さらには基本的人権の尊重といった憲法の根本規範は、憲法改正の限界であることを強調したものと解釈すべきであろう。

　国民主権主義に関連する個別の条文は、以下のように憲法典全体に及んでいる。

① 「天皇は……国政に関する権能を有しない」（4条1項、天皇主権及び天皇の政治的権能の否定）
② 「公務員を選定し、罷免するのは、国民固有の権利」（15条1項）
③ 「成年者による普通選挙」（15条3項）
④ 「議員資格の平等」（44条）
⑤ 「国会は国権の最高機関……唯一の立法機関」（41条）

Column　啓蒙主義と音楽

　近代憲法は啓蒙主義の揺りかごから生まれた、と言える。しかし啓蒙主義が生み出したのは立憲主義などの新しい社会制度のみだったのだろうか。ルソーの例を見るまでもなく、啓蒙主義は、人間の理性と知性に関連した科学全般に新たなエネルギーを与えた。自然科学のみならず、芸術や文化についても多彩かつ深甚な影響をもたらしたと考えるのが相当だろう。そして、その典型を、モーツァルトとベートーベンに見ることができる。

2人の天才音楽家と啓蒙主義

　第1講のコラムでも触れた通り、6歳の神童が御前演奏を披露した女

帝マリア・テレジアの皇族ファミリーの長子は、のちに「革命皇帝」とまであだ名されるヨーゼフだった。ヨーゼフは、当時のヨーロッパを代表する啓蒙君主であり、モーツァルトのウィーン居住が始まる前年から彼の単独統治がスタートする。そして大量の啓蒙主義的な勅令（その数は１万件を超すと言われた）を洪水のように発出し始めるのである（巻末付録２を参照）。

モーツァルトは、決して準備万端でザルツブルクからウィーンに転出してきたわけではない。世俗・宗教の両権力を握るザルツブルクの絶対的な権力者コロレード大司教に真っ向から異を唱え、父親レオポルトの反対を押し切ってウィーンに出てきたのである。そして、初恋のアロイジア、やがて妻となるその妹コンスタンツェ姉妹の母親であるヴェーバー夫人宅にころがり込んだ。封建的な諸制度がまだまだ強固に息づいていた時代の風潮を想像すれば、モーツァルトの行動がいかに大胆不敵であったか、それと同時に職業、結婚、住居等の様々な深刻な不安をモーツァルトが抱いていたかは想像に難くない。

このようなモーツァルトの個人的な生活環境のレベルと、ヨーゼフ２世の啓蒙主義的な勅令の具体的な内容を対照すると、ヨーゼフ２世の改革法案が、さまざまな精神的な安定感を与えたことは容易に想像できる（巻末付録３を参照）。

ベートーベンについても、実は啓蒙主義との深い関連が見られる。それは、早くして母を失い、飲んだくれの父親に代わって弟たちを育てた少年時代の苦労と結びついている。

幼少期の彼の才能をいち早く見抜き、最初にバッハの平均律を教え、そしてボン宮廷のオルガニスト助手としての職を紹介したのは、ネーフェだった。当時ボンには、ヨーゼフ２世の末弟マクシミリアン・フランツが新たにケルン選帝侯に就任し、ボン大学の人文科学科に新進気鋭の学者を集めるなどして、兄ヨーゼフの啓蒙主義的な政治を、ケルンやボンの支配地域に施しつつあった。それを支持する啓蒙主義的な「読書クラブ」の中心人物がネーフェだったのである。ベートーベンは最後まで、このネーフェへの尊敬と感謝の念を忘れることはなかった。

「神の手から人間の手へ」

　啓蒙主義の音楽への影響とは何か。それは、音楽が「神」の手から離れ、はじめて「人間」の手元に引き寄せられたことである。「神の手から人間の手へ」——これが、啓蒙主義がもたらした最大の音楽的成果である。

　その分水嶺の先頭にモーツァルト、そしてベートーベンがいる。

　バッハの没年は1750年。そしてその6年後の1756年にモーツァルトが誕生し、さらにその20年後の1770年にベートーベンが誕生する。

　18世紀後半のこの時代、権力の意義は、啓蒙主義によって「王権神授説」から「社会契約説」へと大転換する。そして、音楽の世界においても、「神のもの」から「人のもの」へと大きな座標軸の転換が行われる。

　だから、モーツァルト、ベートーベンの音楽は、私たちの魂を巨大な力でわしづかみにするのである。

　もちろん、バッハの音楽にも、生々しい人間の息遣いを聴くことができる。マタイ受難曲は「ペテロの否認」が前半の最大の山場である。そしてその後の「悲しみのアリア」で聴衆は涙を誘われる。それは人間誰しもが「裏切りと悔恨」の経験を持っているからであろう。そして後半の最大の山場は、息絶える寸前のイエスが神に対して「なぜ私を捨てたのか」と疑問を呈する瞬間である。イエスでさえ、神を疑うのか？　自身と同様の「弱さ」を共有していることをイエスに見た聴衆は、さらに深くイエスを哀惜する。

　このように、バッハの音楽にも深い人間が潜んでいる。しかし、それはあくまで、神に捧げられた音楽の内容に包含されている。

　人間そのものを、音楽の美に内包させて表現したモーツァルトと、赤裸々にそれを表出したベートーベン。多少の違いはあるが、音楽は、この二人を突破口にして「神の手から」「人の手に」移っていった。そして、そのエネルギーは、時代の大きな潮流である啓蒙主義が与えたということができる。

　近代憲法と音楽は、啓蒙主義という大きな共通点を持つ。それが私の結論である。

第4講　天皇制

1　国民主権と天皇制

　国民主権主義とは、国政に関する最終的な決定権が国民にあるとする考え方のことである。

　明治憲法は「大日本帝国ハ万世一系ノ天皇之ヲ統治ス」（1条）および「天皇ハ、統治権ヲ総攬ス」（4条）と規定し、天皇を主権者とさだめた。

　これに対し日本国憲法は、前文及び本文の第1条においてこれを改め、主権※が国民にあることを明確にした。

　ポツダム宣言を受諾する際、敗戦直後の国内においてきわめて困難で深刻な政治問題が、昭和天皇の処遇であることは当然予想された。そして、それに対する解答が、「主権者としての国民」の「総意」に基づく「象徴天皇制」であった。

※「主権」の概念は多義的。①国民と領土を統治する国家の権力の意味、②国家の対外的な独立権の意味、③国政に関する最終的な決定権、の3つあり、憲法第1条の「主権」は③の意味である（清宮四郎『憲法Ⅰ』p.57）

2　象徴天皇制

> 第1条　天皇は、日本国の象徴であり国民統合の象徴であつて、この地位は、主権の存する日本国民の総意に基く。

　「象徴」とは「かたちにして（＝象）、あらわす（＝徴）」ことであり、見えない観念や思想などを、目に見える物事で表示することを意味する。

　明治憲法は、天皇は「統治権の総攬者」（4条）であり、「神聖にして

侵すべからず」（3条）と規定していた。

　日本国憲法第1条はこれを改め、天皇の地位を「**日本国および日本国民統合の象徴**」と規定した。そして、その地位の根拠を「**主権の存する国民の総意に基づく**」とした。

　「象徴」の意味をさらに明確にするため、4条1項では、**天皇の国政に関する権能を否定**した。したがって天皇は、伝統的な意味での「君主」とは言えない。

　しかし、特別の身分をもち、世襲であり「象徴」として尊貴の対象とされることから、国際社会においては、天皇は「元首」としての処遇を受けるべきものと解釈されている。

皇位の継承

> 第2条　皇位は、世襲のものであつて、国会の議決した皇室典範の定めるところにより、これを継承する。

　第2条の憲法的な意味は2つある。
　①皇位についての「世襲」を認め、皇位は憲法14条の「法の下の平等」の例外であることを容認した。
　②明治憲法とは異なり、皇室典範は「国会制定法」すなわち「法律」のレベルでしかなく、憲法よりも下位におかれることを明確にした。
　天皇という生身の人間に「象徴」としての地位を認めた結果、その「身分」についても、平等原則に対するさまざまな例外規定を置かざるを得ないこととなった。
　皇室典範の位置は、明治憲法のもとでは憲法と同格であり、一般の法律よりも上位と解釈されていた。しかし、現憲法においては、「象徴」としての地位を主権者の国民が確定した以上、これに矛盾しない限度で、様々な立法的措置は可能となる。「女性天皇」や「生前退位」の制度化なども、憲法全体の趣旨に反しない限り、国会で制定できることとなった。

3　天皇の権能

①国政に関する権能の否認

> 第3条　天皇の国事に関するすべての行為には、**内閣の助言と承認**を必要とし、その責任はすべて内閣が負ふ。
> 第4条　天皇は、この憲法の定める**国事**に関する行為のみを行ひ、**国政**に関する権能を有しない。

天皇が行う「国事に関する行為」を**国事行為**という。

明治憲法には、さまざまな天皇大権が存在した。しかし、日本国憲法は、天皇の国政に関する権能を否定し、例外的に憲法が定める国事行為のみ行うとした（4条1項）。さらに、すべての国事行為について「内閣の助言と承認」が必要であると規定した（3条）。

国事行為とは、「**国政執行の過程で、法的意味を伴ってなされる行為**」のことを意味する。このような行為を限定し、それ以外の新たな国事行為を立法などによって追加することを禁じるのが憲法4条の趣旨である。

したがって、この規定の反対解釈により、法的意味を持たない事実的な行為であるなら憲法はこれを容認していることになる。この事実的行為は、大相撲の鑑賞などの純然たる私的行為と、公人としての儀礼的・社交的行為（公人的行為）の2つに分けられる。そのいずれも、憲法は禁じているわけではない。

②天皇の国事行為

国事行為は、大きく2つに分類できる。いずれも**実質的な決定権は内閣にあり、天皇の権能は形式的行為に過ぎない**。

(1)行政と司法のそれぞれの長を任命すること（6条）
・天皇は**国会**の指名に基づいて**内閣総理大臣**を任命する（同条1項）。

・天皇は内閣の指名に基づいて最高裁判所の長官を任命する（同条2項）。

　天皇は国政に関する権能を有しない（4条1項）ので、具体的な決定権を持つものではない。ここでいう「任命」は、単なる手続行為に過ぎない。

　⑵国政上の特に重要な行為＝「国事行為」（7条）

　7条は10項目の重要な国政に関する行為に限って天皇の関与を定めた。すべて「内閣の助言と承認」によって行われる形式的な行為であり、内閣が実質的な決定権を持っている。

・憲法改正、法律、政令及び条約を公布すること

　「公布」とは、すでに成立した法令を一般国民に告知する行為のこと。公布は「官報」によって行われる。

・国会を召集すること

・衆議院を解散すること

　「解散」とは、全議員について、任期満了前に議員の地位を失わせ、議院の存在を一時的に消滅させることをいい、解散詔勅によってなされる。

・国会議員の総選挙の施行を公示すること

　「総選挙」とは、全国すべての選挙区にわたって実施される選挙のこと。衆議院の総選挙と参議院の通常選挙がこれにあたる。

・国務大臣及び法律の定めるその他の官吏の任免の認証、重要な外交文書（全権委任状及び大使及び公使の信任状）の認証

　「認証」とは、権限のある機関が適式に行ったことを公に証明する行為のこと。

・大赦、特赦、減刑、刑の執行の免除及び復権を認証すること

　「大赦」は広い範囲の人に刑事責任を赦免すること。「特赦」は特定人が対象。「復権」は喪失あるいは停止された資格を回復させること。これらを総称して恩赦という。いずれも内閣が決定する。

・栄典を授与すること

　文化勲章の授与など。

- **批准書及び法律の定めるその他の外交文書を認証すること**
  批准書とは、条約調印後に政府が行った承認の意思を明示する文書のこと。
- **外国の大使及び公使を接受すること**
  「接受」とは、政府が承認した外交官を受け入れる儀礼的な行為のこと。
- **儀式を行うこと**
  天皇が主宰して行う、即位の礼、大喪の礼、新年祝賀の儀など、国家的性格を持つ儀式。

4　天皇の公人的行為

　純然たる私的行為とは言えないが、公的意味を持った事実的行為を天皇が行う場合がある。これを天皇の「公人的行為」という。その代表的な例は、国会の開会式での「おことば」、国賓としての外国訪問、来日した貴賓に対する接遇、外国元首に対する慶弔電報の発信などである。
　公人的行為についても、「内閣の助言と承認」が求められる。その経費は宮内庁の経理する宮廷費でまかなわれ、宮内庁の属する内閣府の長である内閣総理大臣が責任を負う。

5　「象徴天皇」のむずかしさ

　自然人としての天皇が行うさまざまな言動には、外国元首の歓迎レセプションであろうと、外国訪問の際の言動であろうと、必ず内外の注目を浴び、大なり小なりの政治的効果がつきまとう。
　憲法によって「国政に関する権能を有しない」とされた天皇の発言に、微妙な政治的なニュアンスがにじむことがあり、政治的に大きな問題に発展することも過去に少なからずあった。
　宮内庁ホームページに掲載されている3つの事例を見てみよう。

①**天皇家の祖先が朝鮮半島から来たとの発言**（2001年12月18日、天皇誕生日関連の記者会見）
質問：ワールドカップの日韓共同開催を前にして、歴史的、地理的にも近い国である韓国に対し、陛下が持っておられる関心は？
天皇陛下：（前略）**桓武天皇の生母が百済の武寧王の子孫であると、続日本紀に記されている**ことに、韓国とのゆかりを感じています。武寧王は日本との関係が深く、この時以来、日本に五経博士が代々招へいされるようになりました。また、武寧王の子、聖明王は、日本に仏教を伝えたことで知られております。しかし、残念なことに、韓国との交流は、このような交流ばかりではありませんでした。このことを、私どもは忘れてはならないと思います。ワールドカップを控え、両国民の交流が盛んになってきていますが、それが良い方向に向かうためには、**両国の人々が、それぞれの国が歩んできた道を、個々の出来事において正確に知ることに努め、個人個人として、互いの立場を理解していくことが大切**と考えます。

②**サイパン島での予定外の行動**
【産経新聞2005年6月28日】戦没者慰霊のためサイパンご訪問中の天皇、皇后両陛下は28日午前、島北部の「中部太平洋戦没者の碑」や、民間人多数が自決したスーサイドクリフ、バンザイクリフに足を運び、この地の激戦で亡くなった多くの将兵、民間人らを追悼された。また、**当初の予定になかった沖縄出身者の慰霊碑「おきなわの塔」と朝鮮半島出身者の慰霊碑「韓国平和記念塔」にも立ち寄り、拝礼された**。宮内庁によると、礼を尽くしたいという両陛下のお気持ちから実現したという。

③**「国旗は強制でないことが望ましい」との発言**
【毎日新聞2004年10月28日】東京・元赤坂の赤坂御苑で28日に開かれた秋の園遊会で、天皇陛下が東京都教育委員を務める将棋の米長邦雄永世棋聖（61）に、学校現場での日の丸掲揚と君が代斉唱について、「**やはり、強制になるということでないことが望ましい**」と話す場面があった。天皇陛下が「日の丸・君が代」問題について発言するのは極めて異例。

　これらの天皇の「発言」「行動」について、憲法学者の樋口陽一は『いま、憲法は「時代遅れ」か』（平凡社）で、日本国憲法の重大なパラ

ドックスとして以下のように指摘している。

「あえて言えば、ドイツのワイツゼッカー大統領の果たした役割※（筆者注：ナチス体験を忘れてはならないことを自国の若者たちに語り、過去を忘れないことを国外に向け繰り返した）を、現天皇が演じているということです」

樋口はこのように指摘し、日本国憲法の重大なパラドックスとして、「しかもそれは憲法が、自然人としての人間を象徴という地位においていることによって生じている矛盾の中のことなのです」「選挙を通した正規の政治的意思として国外に発出できないままでいることを、国政に関する権能を失った天皇が発出している」との認識を示した。

平成天皇の「おことば」の背景にある、「民意と選挙結果のズレ」や「議会制民主主義の未熟さ・機能不全」などの重大な問題の解決は、最後は主権者としての国民に委ねられていることを忘れてはならない。

※ワイツゼッカー西ドイツ大統領の演説の一説　（1985年5月8日ドイツ連邦議会）
「過去に目を閉ざす者は結局のところ現在にも盲目となります。非人間的な行為を心に刻もうとしない者は、またそうした危険に陥りやすいのです」

Column 天皇の愛した尺八

日本の実態に即した「象徴天皇制」

「象徴天皇制」は、日本国憲法制定の当初から始まって現代にまで続く、憲法理解の難関の一つである。

天皇に「国及び国民統合」の「象徴」としての地位を与えることの結果、たとえ政治的「権能」は否定しても、大きな「権威」を認めたことにはなる。そして人間としての天皇には、必ず現実の行動や発言が伴い、その言動に微妙な政治的ニュアンスがにじむこともありうる。「権威」は、時には容易に「権能」に転化する。そこに、憲法の基本原則である国民主権主義との微妙な緊張関係が生まれる。

また象徴天皇制は、「世襲」という平等原則の大きな例外を憲法のなかに導いた。このように、日本国憲法の基本原則との関連で象徴天皇制

を説明するのは、なかなか難しい。

しかし、日本の歴史を冷静にかつ総合的に判断すれば、「象徴天皇制」こそわが国の歴史的な天皇制度の実態にふさわしい法制度であったのではなかろうか。むしろ、明治憲法の定めた「統治権の総覧者」としての天皇のほうが、天皇制の長い歴史においては例外的であった。これが私の結論である。

「天皇」という呼称が歴史上出現したのは、近年では天武天皇のころだろうと推定されている（『日本史大事典』平凡社、p.1233）。それ以後、現在の第125代「平成天皇」に至るまで、政治的な実権を保有し、自らの決定によって実効的な支配を行ったヨーロッパの絶対王政における専制君主と言えるような天皇は、例外的な存在であった。

たとえば、天智天皇から始まるヤマト政権の実態は、豪族の連合政権的な色彩が強かった（前記事典）。その後の藤原家中心の摂関政治も、天皇制の実態は有力貴族の合議制と言うべきだろう。さらに、鎌倉期以後江戸期までの700年間、建武の中興（後醍醐天皇の親政）などの例外を除いて、国家規模の政治権力は武家政権が掌握していたのである。

明治憲法では、1850年に制定されたプロシア帝国憲法の立憲君主制の影響を受けつつ、天皇は「元首」、「統治権の総覧者」（4条）と規定されたが、それは、明治維新後の不安定な時期を天皇の権威を盾にして乗り切るといった、政治的な意図が過重な憲法であったと認識できる。

文化の伝承と普及

さて、「象徴」としての様々な機能のうち、特に強調すべきなのは、その文化的な側面である。さらに、文化面での「国際協調主義」ともいえる、東西文化の融合に果たしてきた天皇の先駆者的な役割である。

私の講義では、象徴天皇制の文化的な側面を実感してもらう手がかりとして尺八を活用する。ちなみに、私自身は人間国宝であった故山口五郎師から「初伝」の允可を受けた。竹林を吹き渡る風のような尺八の音韻をこよなく愛している。

講義では、連管（二重奏）の「曙菅垣（すががき）」や三曲「千鳥」を演奏し、そ

して「現存するわが国最古の尺八はどこにある？」といった課題を出す。
　それは「正倉院」である。
　正倉院には合わせて８本の尺八が現存する。正倉院は聖武天皇の御物を収蔵しているので、聖武天皇が尺八を愛奏した可能性はある。また、聖徳太子が吹いたと伝えられる法隆寺の尺八も、東京国立博物館の法隆寺館に保存されている。これらが最古の尺八である（山口正義『尺八史概説』）。
　正倉院事務所は、中国近代や朝鮮に伝わる「洞簫（どうしょう）」やわが国の龍笛の運指法を参考にして正倉院尺八の運指法を八種類に定め、周波数の測定を行った記録がある（上野堅實『尺八の歴史』）。そして正倉院の尺八は、第３孔を主音とする中国の七声音階（わが国の呂旋法音階）とほぼ一致するとの結論を出した。
　正倉院尺八は雅楽に使われたが、やがて雅楽の世界から消えていく。室町期、あの「一休さん」（一休宗純）は、尺八を愛し多くの漢詩を残した。その頃の尺八は一節しかない短さの「一節切（ひとよぎり）」と呼ばれた。これが江戸期になって、長さ一尺八寸、表四孔、裏一孔の今に続く現代尺八に突然変化する。そして変化のプロセスは、今もって未解明である。尺八という名称は、単に「長さ」が「名前」に変わったに過ぎないのである。
　ただ、古代尺八から現代尺八まで脈々とした生命を持ち続けているこの楽器の出発点に、天皇家が深く関与したことには注目すべきであろう。
　極東の島国であるわが国には、古来、海外から多くの文物が流入してきた。その大きな受け皿として天皇家が介在し、仲介と伝承の重要な役割を果たし続けてきたことは、間違いのない歴史的事実である。
　まさに、天皇の象徴的機能の中核には、文化の伝承と普及があったと言えよう。

第5講　平和主義

1　平和主義

　日本国憲法は、太平洋戦争に対する深刻な反省と、二度と戦争の惨禍をもたらさない真摯な決意に立って制定された。このことは、「前文」の第2項で「恒久平和主義」を宣言し、第3項で太平洋戦争の原因となった孤立主義に陥らないための「国際協調主義」を掲げて「恒久平和主義」を補強したうえで、締めくくりに第4項の「誓い」を宣言するなど、前文全体にわたる周到な規定を置いたことから明らかである。

　この規定ぶりから、恒久平和主義は「憲法の憲法」であり、**日本国憲法の根本規範**であると解釈される。

　前文の恒久平和主義をさらに具体化するために、第2章「戦争放棄」の規定を置いた。第2章は、第9条1項「戦争の放棄」、2項「戦力の不保持・交戦権の否認」からなる。これらの規定は、ポツダム宣言で示された連合国の要求（「無責任なる軍国主義の放逐」「日本国の戦争遂行能力の破砕」）に対する日本国としての回答であり、また日本国の主権回復のための前提条件でもあった。

2　憲法9条

①戦争放棄

> 第9条　日本国民は、正義と秩序を基調とする国際平和を誠実に希求し、国権の発動たる戦争と、武力による威嚇又は武力の行使は、国際紛争を解決する手段としては永久にこれを放棄する。

第 9 条 1 項は、日本国民の決意として、正義と秩序を基調とする国際平和を誠実に希求することを改めて宣言し、そのうえで、国家として行う「戦争」、「武力による威嚇」、「武力の行使」を永久に放棄すると定めた。
　解釈上重要なのは、「**国際紛争を解決する手段としては**」の意味である。通説は、「国際紛争を解決する手段としての戦争」を「侵略のための戦争」と解釈する。そして、9 条 1 項は、「自衛のための戦争」までも放棄するものではないと解釈する。その根拠は、この規定の趣旨が、不戦条約第 1 条※と同様であると考えるからである。

※不戦条約：第 1 次世界大戦後に主要国（米、英、独、仏、伊、日など 15 か国）が署名、その後ソ連も加わった。その第 1 条に、「国際紛争解決のため戦争に訴えることを非とし、国家の政策の手段としての戦争を放棄する」とあり、後者は「侵略戦争」を意味すると解釈したうえで、自衛のための戦争は許されるとの解釈が行われ、国際的にもこの解釈は確立してきた。同条約はケロッグ＝ブリアン条約（協定）とも言われる。

　しかし、不戦条約においても、「自衛」や「侵略」についての厳密な定義がされていたわけではなかった。
　多くの戦争は歴史上「自衛」の名のもとに開始されてきた。そして、「自衛」の範囲については、紛争当事国の利害が複雑にからみ、様々な解釈の違いが生まれてくる。9 条 1 項は、「戦争の放棄」を宣言しつつ、「戦争」概念の不明確性という曖昧さを内包していたのである。

②戦力の不保持、交戦権の否認

> 第 9 条 2　前項の目的を達成するため、**陸海空軍**その他の**戦力**は、これを保持しない。国の**交戦権**は、これを認めない。

「**前項の目的を達するために**」という文言は、衆議院の修正によって新たに付け加えられた規定であった。この修正の目的は、1 項の「戦争放棄の趣旨」をさらに徹底し強調するためであると説明された。
　ちなみにこの「修正」は、当時の衆議院の憲法改正委員長（のちの総

理）の芦田均の名をとって「芦田修正」と言われた。芦田は、新憲法公布（1946年11月3日）の翌日、ラジオ放送を行う。その自筆原稿には、「わが新憲法のごとく**全面的に軍備を撤去**して、戦争を放棄する意嚮(いこう)を規定したのは世界において唯一」と記載されていた（国会図書館ホームページ電子展示室参照）。

この「前項の目的を達するために」という文言が、1項にある留保条項（＝自衛のための戦争なら許される）との関連で、複雑な解釈論上の争いを生み出してきた。すなわち、**一切の戦力を全面的に否認したものとする「全面否認論」**と、1項は自衛のための戦争まで否定したものではないので、**自衛のために必要な範囲内での戦力の保持は認められるとする「限定否認論」**の対立である。

芦田の声明に明らかなように、憲法制定議会における政府の説明は、当初は全面否認論の立場であった。しかし、急激な国際情勢の変化を受け、状況は一変する。

新憲法の施行後3年を経て朝鮮戦争が勃発。ソ連、中国などの共産圏の勢力拡大に対し、その防波堤としての日本への期待がアメリカをはじめとする西側陣営に急激に高まる。このような国際環境の激変を受けて、政府は9条2項の解釈を大きく変更し、新憲法施行後7年を経て、防衛庁と自衛隊が設置されることになる。

1950（昭和25）年6月	朝鮮戦争勃発（1950年6月25日〜1953年7月27日）
	8月	警察予備隊設置令（自衛隊の前身、GHQの指示に基づく）
1952（昭和27）年4月	サンフランシスコ平和条約が発効。日本国の主権が回復
1954（昭和29）年7月	防衛庁・自衛隊設置

自衛隊発足から5か月、1954年12月に、全面否認論の立場をとってきた吉田首相が総辞職、代わって鳩山一郎率いる日本民主党が第2党

ながら政権の座に就く。鳩山内閣は、再軍備と自主憲法制定を重要な政策目標と掲げた。そして、従来の政府見解であった「全面否認論」を「限定否認論」の立場に変更する。

さらに、翌年の1955年11月15日に保守合同の結果、自由民主党が誕生（いわゆる「55年体制」の開始）。そして自由民主党政権が長期化するに従い、9条2項についての「限定否認論」は、政府の公式的な見解として定着する。

3　自衛隊についての政府見解

政府の見解は、9条2項の「前項の目的を達成するために」という文言が2項全体にかかっていると解釈し、9条2項は**「自衛のための戦力の保持あるいは交戦権」まで否定するものではない**とした。

そして、9条2項が保持を禁じている戦力とは**「自衛のための必要最小限度の実力（自衛力）を越えるもの」**と限定解釈したうえで、自衛隊はこれに該当しないから合憲であると解釈した。

4　憲法9条についての最高裁の判断

憲法9条は、今後の憲法改正についての重要な論点である。憲法の根本規範であり、憲法の基本原理とされる恒久平和主義を改正することができるか、改正するとしたらその具体的な内容はどうかなど、今後とも9条改正問題は、国民主権主義の担い手である国民にとって最重要の課題であり続けるだろう。

その論議を進める際に、憲法9条や自衛隊の合憲性について、これまでの最高裁の憲法判断がどうなっているかを確認しておく。

結論は、自衛隊の合憲・違憲について、また集団的自衛権については、最高裁が判断した例はこれまでには存在しない。改正を主張する論者が、ときおり砂川事件で最高裁判所が自衛隊の存在を事実上認めたと主張する場合が見受けられたが、それは事実と反する。砂川事件の争点は、旧

安全保障条約に基づく「米軍の駐留」の可否及び「日米安保条約の合憲性」であって、自衛隊や集団的自衛権の問題は争点ではなかったのである※。

※砂川事件、判旨のポイント
①駐留米軍のような「外国の軍隊」は、憲法9条2項にいう「戦力」にはあたらない。
②旧安保条約は「主権国としてのわが国の存立の基礎に極めて重大な関係をもつ高度の政治性を有するもの」であって「一見極めて明白に違憲無効であると認められない限りは、裁判所の司法審査権の範囲外」である。

5　集団的自衛権と個別的自衛権

「自国と密接な関係にある外国（例＝同盟国）に対する武力攻撃を、自国が攻撃されていないにもかかわらず、実力をもって阻止する権利」のことを集団的自衛権という（政府解釈）。

　これまで政府は、憲法9条の下において許容されている自衛権の行使は、我が国を防衛するため必要最小限度の範囲にとどまるべきものであると解してきた。そして「集団的自衛権」を行使することは、「必要最小限」の範囲を超えるものであり憲法上許されないとするのが、長年の政府解釈であった。

憲法解釈の変更

　それに対し第2次安倍政権は、2014年7月1日の閣議決定で従来の政府の憲法解釈を変更した。変更の理由は、安全保障環境の根本的変容にあるとし、部分的ながら集団的自衛権の行使を認め、その要件を以下のように示した（以下、内閣官房ホームページより）。

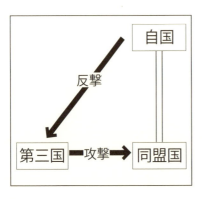

(3)　（略）パワーバランスの変化、技術革新の急速な進展、大量破壊兵器など

の脅威等 安全保障環境は根本的に変容した。（略）我が国に対する武力攻撃が発生した場合のみならず、我が国と密接な関係にある他国に対する武力攻撃が発生し、これにより①<u>我が国の存立が脅かされ、国民の生命、自由及び幸福追求の権利が根底から覆される明白な危険がある場合において、これを排除し、我が国の存立を全うし、国民を守るために他に適切な手段がないときに、必要最小限度の実力を行使することは、従来の政府見解の基本的な論理に基づく自衛のための措置として、憲法上許容される</u>と考えるべきであると判断するに至った。

(4) 我が国による「武力の行使」が国際法を遵守して行われることは当然であるが（略）この「武力の行使」は（略）憲法上は、あくまでも我が国の存立を全うし、国民を守るため、すなわち、②<u>我が国を防衛するためのやむを得ない自衛の措置</u>として初めて許容されるものである。

(5) また、憲法上「武力の行使」が許容されるとしても（略）民主的統制の確保が求められることは当然である。政府としては（略）自衛隊に出動を命ずるに際しては、現行法令に規定する防衛出動に関する手続と同様、原則として事前に国会の承認を求めることを法案に明記することとする。

　下線①の部分が、集団的自衛権発動のための「武力行使の３要件」である。すなわち、

１　我が国の存立が脅かされ国民の生命、自由、幸福等が根底から覆される明白な危険
２　我が国の存立を全うし、国民を守るために他に適切な手段がないとき
３　必要最小限度の実力を行使

の３点である。しかし、いずれも抽象的で、結局その判断は、その時点における安全保障政策の責任者としての政府が行うことになる。そして、結果的には集団的自衛権の発動の判断を政府に白紙委任したのと同様になってしまう。下線②「わが国防衛のためのやむを得ない自衛の措置」の判断についても同じことが言える。

　閣議決定の(5)は、自衛隊についての「民主的統制」について言及しているが、諸外国では軍隊についての「民主的統制」（国民代表の議会によるコントロールのこと）の中心的なルールについては、「法律」で規

定するだけでは不十分と考え、法律よりも上位の「憲法」に明記される場合が多い（p.45 アメリカ合衆国憲法参照）。

　国会の承認も「事前」が「原則」でしかなく、政府の判断で国会での論議を先送りできる。戦争は、瞬間的に拡大する危険性をいつでも持っており、事後的な承認で足りるとするのは、結果的には議会による民主的統制の実効力を低下させることにつながる。

6　「平和安全法制」の概要

　上記の閣議決定に従っていわゆる「安全保障法案」が2015年5月に衆議院に提出され、同年9月19日参議院で可決成立し、翌2016年3月29日に施行された。

　この法律は、制定法1本（通称「国際平和支援法」）と10本の法律の改正案を一括した通称「平和安全法制整備法」の2本からなる。平和安全整備法で取りまとめた10本の法律とは自衛隊法、重要影響事態安全確保法、船舶検査活動法、国連平和維持活動協力法、武力攻撃事態対処法、国家安全保障会議設置法などである。

　国会では「存立危機事態」「重要影響事態」「後方支援」「国会承認」などについての論議が行われたが、政府の答弁も二転三転することが多く、広範多岐にわたる疑問点について論議が尽くされたとは言い難い。

　緊急事態や想定を超える事態が起きた場合に、果たして政府や現場の自衛隊の明確な対応が可能なのか、多くの疑問を残したままの立法化であった。

7　立憲主義の危機

　すでにみたとおり、憲法9条の解釈は、1954年から1955年にかけて、全面的否認論から限定的否認論へときわどい解釈変更を行った経緯がある。その背景になったのは、朝鮮戦争勃発による国際環境の激変や、吉田政権から鳩山（一郎）政権へと変わる政権交代、その直後の保守合

同といった国内の政治環境の変化だった。

　このような状況の中で、憲法前文と9条の趣旨である平和主義の遵守と、国際・国内の政治環境に対応する現実的な必要性のぶつかり合いが生じ、ぎりぎりの解釈を行った結果が、「自衛のための必要最小限の戦力は憲法上も許される」とした政府解釈だった。

　そして「自衛のための必要最小限」という基準は、集団的自衛権を憲法が認めるかどうかの議論にも援用され、集団的自衛権は、「国家の固有の権利としては認められるが、憲法の解釈上は『自衛のための必要最小限』の範囲を超えているのでその『行使』は認められない」とする政府解釈の結論に至ったのである。

　もし、集団的自衛権の行使を、たとえ限定的であろうと憲法解釈として容認すれば、結果的には、同盟国への攻撃を自国への攻撃と同視し、**自国への攻撃がなくても、他国を攻撃することができる**ようになる。

　今回の安全保障法の国会での審議の際、政府は、「他国への反撃は、『存立を脅かす』『国民の幸福追求権を侵害する』などの3要件を満たす限定的な場合に限られるから憲法の趣旨は逸脱しない」と再三釈明した。しかし、その3要件の判断は結局政府が行うのであるから、政府の判断によって、自国に対しての現実の攻撃がない場合でも、他国への攻撃を容認することに他ならない。

　恒久平和主義は、憲法の根本規範であり基本原則である。憲法よりも下位の法律で根本規範を変更することは、立法による憲法秩序の破壊であり立憲主義を否定する行為である。

　憲法制定権者は国民である。それは国民主権主義の当然の帰結でもある。憲法制定権者である国民の意思を問うことなく憲法の根本規範を変える行為は、国民の憲法制定権を潜脱する行為に他ならない。今回の立法は、国民主権主義というもう一つの基本原理に反する行為なのである。

　権力が人民の意思を無視してきた長い歴史がある。それを乗り越えるためにたどり着いたのが立憲主義であった。憲法によって権力を縛る。そして権力の暴走から国民の権利を守る。この原点を忘れてはならない。

　憲法の根本規範であり基本原則に対する改変は、争点を明確にし、真

摯にそして国民に十分な説明をし、そのうえで国民投票という、国民主権主義における最大・最終の審判を受けるべきである。

8　シビリアンコントロール

　軍隊に対する国民のチェックをどのようにしたらよいか、これがシビリアンコントロール（民主的統制）の問題である。

　強力な実力を備え、暴発・暴走の歴史が絶えなかった軍事的な組織をどうコントロールしたらよいか——この基本的な課題についての考察が、わが国には欠けてきた。その理由は、政治、学会、言論界などにおける議論が、自衛隊違憲論に代表される「そもそも論」に費やされることが多く、自衛隊を軍隊として認めたうえでいかにコントロールすべきかといった次の段階の議論になかなか進めなかったからである。

　シビリアンコントロールの本質は、単なる「文民統制」のレベルに留まらない。独裁者ヒトラーも、その地位自体は非軍人の「文民」であったことを思えば、このことは容易に理解できよう。

　シビリアンコントロールの本質は何か。それは、民主的に選任された「議会」のコントロールを受けることにある。

　「民主的な選挙で選ばれた代表で構成する議会が、和戦の決定、軍事予算、重要な軍関係の人事、緊急権限に必要な事項の認可など、軍隊に対する包括的政策を策定し、政策執行の責任者に対して最終的かつ包括的監督権を行使することこそ、民主的統制の本質である」

　これは、ルイス・スミスの指摘である。シビリアンコントロールの本質を正しく言いあてているというべきであろう。

　軍隊の民主的統制に失敗し、自国及び交戦国の膨大な人命を損耗させた太平洋戦争の歴史を、民主的統制の見地にたったうえで政治・軍事・社会・経済の全体的な観点から冷静に分析する必要がある。これなしでは、ワイツゼッカーの演説にある通り、わが国はふたたび誤った歴史を繰り返しかねない。

民主的統制についての憲法規定

　憲法論のレベルにおいては、民主的統制について規定した諸外国憲法との比較検討が喫緊の課題である。

　アメリカ合衆国憲法及びドイツ基本法（統一後）はいずれも、軍隊に対する民主的な統制に関する詳細な規定を憲法典においている。民主的統制が憲法事項とされていること、および民主的統制の中心は「政府」ではなく「議会」主導である点でも一致している。

　わが国の安全保障法制は、憲法事項とすべきなのにこれを回避し、「議会主導」であるべきなのに「政府主導」にしてしまった。民主的統制の名には到底値しない制度である。

参考　アメリカ合衆国憲法の「民主的統制」関連の規定

第1条　合衆国議会
第8節　合衆国議会の権限
①合衆国議会は次の権限を有する。
⑪戦争を宣言し、敵国船舶捕獲の特許状を付与し、陸上及び海上における捕獲に関する規則を定めること。
⑫陸軍を徴募し、これを維持すること。ただし、この目的のための支出の承認は、2年を超えることができない。
⑬海軍を創設し、これを維持すること。
⑭陸海軍の統制及び規律のための規則を定めること。
⑮連邦の法律を執行し、反乱を鎮圧し、侵略を撃退するために、民兵の招集について定めること。
⑯民兵の編成、装備及び規律、並びに民兵のうち合衆国の軍務に服するものに対する統制を定めること。ただし、民兵の将校の任命及び合衆国議会の定める規律に従って民兵を訓練する権限は、各州に留保される。
第2条　合衆国大統領
第2節　大統領の権限
①大統領は、合衆国の陸海軍及び現に召集を受けて合衆国の軍務に服している各州の民兵の最高司令官である。

Column ベルリンの壁の開放と「第九」

　1989年11月9日、東西冷戦を象徴していたベルリンの壁が開放された。その直後に印象的な2つのコンサートが開催された。

　1つは、開放3日後の11月12日、西ベルリン市のフィルハーモニーホールで急きょ開催された東ドイツ市民のための無料コンサート。演奏はベルリンフィル、そして指揮はダニエル・バレンボイム。彼はこのとき、たまたま「コジ・ファン・トゥッテ」をレコーディングするため西ベルリンに来ていた。

　ラジオの予告放送を聞いてかけつけた東ドイツの市民は、東ドイツ当局が壁を壊して開けたポツダム広場の検問所を通って訪れている。曲目は、ベートーベンのピアノ協奏曲1番、交響曲7番。アンコールにモーツァルトのピアノソナタ10番、そして「コジ」の序曲が演奏された。

　もう1つは、開放から1か月半すぎた12月25日、東ベルリンのシャウシュピールハウスで行われたクリスマスコンサートだった。演奏は西独のバイエルン放送交響楽団と合唱団、東独のドレスデン国立管弦楽団とベルリン放送合唱団、ドレスデン児童合唱団、アメリカはニューヨークフィル、イギリスはロンドン交響楽団、フランスはパリ管弦楽団、「ソ連」のレニングラード・キーロフ劇場管弦楽団。東西の壁で分断されていた東西ドイツと西側、東側のオーケストラ、合唱団が一堂に会しての感動的な演奏会だった。指揮はレナード・バーンスタインだった。

　曲目はベートーベンの交響曲9番。このとき、バーンスタインの提案で「Freude（歓喜）」の歌詞が「Freiheit（自由）」と変えて歌われた。

　第2次大戦後、西側と東側に分裂していた世界が新しい時代を迎える象徴的な瞬間、この時に立憲主義のめざしてきた人間の大きな目標である「自由」がベートーベンの「第九」とともに歌われたことに、憲法と音楽の接点を感じる。

第6講　基本的人権　その1

1　人権総論

①憲法の基本原則

> 第11条　国民は、すべての**基本的人権**の享有を妨げられない。この憲法が国民に保障する基本的人権は、侵すことのできない永久の権利として、現在及び将来の国民に与へられる。

　日本国憲法第3章「国民の権利及び義務」は、第10条から第40条までの31の条文からなるが、その冒頭の4つの条文は、基本的人権全体に関係する総論的な規定である。第10条で権利保障の前提となる「国民の要件」について規定したうえで、第11条は「基本的人権の尊重」という憲法の基本原則を宣言した。
「侵すことのできない」「永久の権利」という表現で明らかなように、日本国憲法も、アメリカのヴァージニア憲法やフランスの人権宣言などの背景となった自然権思想に立っている。
　自然権思想は「人間は、生まれながらにして平等であり自由である」と考える。この考え方は、人権は「天」が人に「賦与」した誰にも奪えない権利であるとする**天賦人権論**と同様の見地に立っている。
　これに対して、人権は国家によって与えられた権利であると考える立場がある。このような立場は、「人権」という表現ではなく、「臣民の権利」（明治憲法）や「フランス人の権利」（1814年のフランス憲法）といった表現をとる。ただ、いずれの立場にたっても解釈上の変化はあまりない。たとえば日本国憲法の中にも、国家を前提にして初めて認められる権利[※]が存在しており、自然権思想で徹底されているわけではない。

※「国家を前提にして初めて認められる権利」の例は二つ。いずれも人権のカテゴリーでは「国務請求権」(受益権)に分類される。
1　国家賠償請求権(公務員の不法行為に対する損害賠償請求⇒憲法 17 条)
2　刑事補償請求権(冤罪に問われた者の無罪が確定した後の国家に対する補償請求権⇒憲法 40 条)

　どちらの説にたっても、人権保障の判断においては、「公共の福祉」などの内在的な制約を考え、様々な事情を比較衡量したうえで最終的な判断をすることとなるので、結論に差が出る場合は少ない。

②人権誕生の歴史
　人権誕生の歴史的背景は、個々の事案での解釈の具体的指針として重要である。
　社会には立場や考え方を異にする多数の人間が存在する。複雑にからみ合う人権と人権の間には、やがて必然的に対立関係や利益相反関係が生まれる。その際の調整原理として、それぞれの「人権の歴史」や「カテゴリー」が重要になる。

精神的自由権と経済的自由権
　19 世紀の「自由国家思想」(=国家の主たる任務は国民の自由の確保にある。国家は社会への干渉をしないことが望ましいとする思想。「夜警国家」思想)を背景にして、19 世紀の中ごろまでに、自由権の個別のメニューは出そろう。「自由権」は、さらに「精神的自由権」と「経済的自由権」の 2 つのカテゴリーに分類される。
　「表現の自由」と「所有の自由」は、いずれもフランス革命の大きな推進力をもたらした自由権の代表だが、経済情勢の変化により大きな影響をうける「経済的自由権」と比較して、**言論・出版・集会・結社などの「精神的自由権」は、自由権の中でもより中核的な権利**と位置付けられてきた。その結果、精神的自由権については政策的判断による制限をより厳しく考え、経済的自由権については政策に合理性があれば、権利への制約をより柔軟に考えるといった基本的な解釈態度が登場する(この考え方は、人権制約についての「二重の基準論」と言われる)。

社会権（社会的基本権）

　20世紀になると市場経済は世界的規模に拡大するが、その一方で、劣悪な労働環境、大企業の独占、格差の拡大などの新たな社会問題が各国に生じてくる。そんな状況の中で、自由主義経済を基本的に否定する共産主義が登場し、ロシア革命によるソ連邦の出現などの新しい政治体制が出現する。

　共産主義革命は、自由主義経済の国々に大きな危機感をもたらし、それを契機に**「社会国家」思想や「福祉国家」思想**※といった新たな国家思想が登場する。前者はドイツ、後者はイギリスが、それぞれ発祥の地であった。

※「社会国家」思想：国家の目的は、社会内の不当な差別をなくすことにあり、経済的領域については、国家はより積極的に介入するべきであるとする考え方。
「福祉国家」思想：弱者（老・幼・病者）に対する配慮あるいは福祉を社会的責任と考える考え方。

　これらの考え方は、経済的自由権を政策的な目的によって制限することを容認する。そのうえで、行政による社会生活への積極的な関与を認める。このような思想的背景から、労働者の立場に立って使用者の契約自由を制約する「団体行動権」「団結権」「争議権」などの**「労働権」**、最低限の生活保障をめざす**「生存権」**、広く教育の機会を保障する**「教育権」**などの新たな国務請求権が憲法上の権利として登場する。これらの20世紀に誕生した新しい人権が、**社会権（社会的基本権）**である。

③人権のカテゴリー

　人権解釈の際の判断基準として重要な意味を持つのが個別の人権のカテゴリーである。個別人権のカテゴリー分けは、人権の相互調整の際の判断基準としての意味も持つので重要である。

平等権＝「法の下の平等」（14）、「両性の平等」（25）
⇒前者は伝統的な人権。後者は20世紀に登場
参政権＝「被選挙権」「国民表決権」「普通選挙権」「投票の秘密」「請願権」

（44、96、15、14、16）⇒国民主権を実現するための基本的な人権

精神的自由権＝「思想及び良心の自由」「信教の自由」「集会・結社・表現の自由」「学問の自由」「居住・移転・外国移住の自由」「国籍離脱の自由」（19、20、21、22、23）⇒民主主義を実現し維持していくための前提となる権利。政策的な理由で制約をすることを安易に認めてはならない中核的な自由権

経済的自由権＝「職業選択の自由」「財産権の自由」（22、29）⇒経済的な活動を行うための人権。政策的な理由からの制約は容認される

国務請求権（受益権）＝「国家賠償請求権」「裁判を受ける権利」「刑事補償請求権」（17、32、40）⇒なんらかの国の行為を求める人権。「裁判を受ける権利」は古くからある受益権の代表。国家賠償、刑事補償は20世紀になってから出現

社会権＝「生存権」「教育を受ける権利」「勤労の権利」「勤労者の団結権」（25、26、27、28）⇒20世紀の「社会国家思想」「福祉国家思想」を背景にして誕生した人権

私的生活の不可侵＝「住居等の不可侵」「通信の秘密」（35、21）⇒国民を「個人として尊重」する立場から認められる「私的生活不可侵の保障」

人身の自由＝「適正手続きの保障」「刑罰の不遡及」「一事不再理・二重処罰の禁止」「残虐刑の禁止」「人身拘束の諸要件」「自白強要の禁止・拷問の禁止」「刑事裁判における手続き保障」（31、39、36、33、34、38、36、37、38）⇒身体的な自由を確保するためのもっとも重要な古くて新しい人権

2　人権保障全体にかかわる諸原則

①権利の主体

国民

> 第10条　日本国民たる要件は、法律でこれを定める。

憲法10条は、人権保障の対象である国民の要件について、「法律」

でこれを定めることとした。これにあたる法律は「国籍法」であり、同法は「出生」「届出」「帰化」の3つを国籍取得の要件と定めた。
「出生」は、国籍取得の基本的な原因である。そして国籍法（以下「法」）は、父母のどちらかが日本国民であるなら、その子も日本国民であると規定した。このように、父または母との血統で国籍を決めるので**血統主義**と言われる。

これに対して、生まれた場所で国籍を決めるのが**出生地主義**。アメリカ合衆国やカナダは出生地主義である。日本でも、両親が不明か、両親ともに無国籍の場合には出生地主義が採られている。

ちなみに、日本人父母の子が出生地主義の外国で生まれた場合、日本国籍とともにその国の国籍を取得し二重国籍になる。これに対して法は、二重国籍の不安定な状況を避けるために、「国籍留保の届け出」制度を設けている。その結果、3か月以内に国籍留保の届け出をすれば、子の国籍は維持されるが、これを怠ると子の日本国籍は失われることになる（事後的な再取得は可能）。

なお、婚姻していない「外国籍の母」と「日本国籍の父」から生まれた「子」が、父から「認知」を受けた後に日本国籍取得の届出をしたが受理されなかった事例がある。旧法3条1項が、「認知」のみならず父母の「婚姻」を受理要件としていたことが不受理の理由だが、2008年6月、最高裁大法廷は同条同項について、「著しい不利益な差別的取り扱いを生じさせている」との違憲判断を下した（最判平20.6.4）。その6か月後に国会で法改正され、「婚姻」は受理要件から削除された。

「帰化」とは、日本国籍の取得を希望する外国人からの意思表示に対して、法務大臣の許可によって日本の国籍を与える制度。5年以上の居住要件を定める「普通帰化」、婚姻などの一定の身分関係の成立を前提にして要件を緩和する「簡易帰化」、国会承認による「大帰化」がある。

外国人

外国人に対しても、憲法の基本的人権は保障されているが、どこの国にも、外国人が国内に在留するための一定の要件を定めた在留制度が存在する。そこで最高裁判所は、外国人の人権は「在留制度の枠内」で認

められるにすぎないと判断している。

選挙権・被選挙権は、権利の性質上、日本国民のみを対象とする権利であるので、それを日本国民に限定している公職選挙法の規定は憲法違反とは言えない（最判平 5.2.26 定住外国人地方参政権訴訟）。

管理職選考のための受験資格について、日本国籍を有することと明記した東京都の管理職選考実施要綱は「住民の権利義務を直接形成するなどの公権力の行使や、重要な施策に関する決定を行う職務に当たる公務員については、日本国籍を有する者が就任することが憲法上想定されている」として合憲と判断した事例がある（最判平 17.1.26 東京都管理職選考試験受験拒否事件）。

法人

自然人ではない「法人」（会社、社団、財団など）も権利の主体になりうる。ただし、人間としての肉体や精神に着目した権利（男女同権、良心の自由、婚姻の自由など）については、その性質上適用されない。

②権利保障の及ぶ範囲

対公権力

憲法が人権保障を命じている対象は公権力（＝国や地方公共団体などの公的機関）である。このことは以下の2つの条文から明らかである。

> 第13条　すべて国民は、個人として尊重される。生命、自由及び幸福追求に対する国民の権利については、公共の福祉に反しない限り、立法その他の国政の上で、最大の尊重を必要とする。
>
> 第81条　最高裁判所は、一切の法律、命令、規則又は処分が憲法に適合するかしないかを決定する権限を有する終審裁判所である。

「私人間の争い」における憲法保障の拡大

現代の社会関係においては、「権力対国民」の関係だけにとどまらず、「国民対国民」の間でも憲法の趣旨を拡大する必要が出てくる。それは、「会社対従業員」や「巨大企業対市民」など、事実上の支配関係や圧倒

的な立場の違いがあり、憲法の趣旨を拡大する必要性がある場合である。

　このような場合には、個別の立法の解釈の過程で、憲法の人権保障の趣旨が拡大されていく。刑事、民事の対応が考えられる。

【刑事的な対応】私人と私人の争いに対して刑罰規定が適用される場合、適用される規定が憲法の基本的人権保障の趣旨に合致していることが要求される。具体的には、裁判所が審理する過程で、個別の刑罰規定が憲法の人権保障（罪刑法定主義、適正手続きの保障その他）の趣旨に合っているかどうかが判断される。

【民事的対応】私人間の民事上の争いに対しては、裁判所の個別事件の審判の際に、民法90条の「公序良俗※」や民法709条以下の「不法行為」の解釈及び判断の過程で憲法の人権保障の趣旨が反映されていく。

※民法90条「公の秩序または善良の風俗に反する事項を目的とする法律行為は、無効とする。」
　民法709条「故意または過失によって他人の権利または法律上保護される利益を侵害した者は、これによって生じた損害を賠償する責任を負う。」

③権利保障の限界

> 第12条　この憲法が国民に保障する自由及び権利は、国民の不断の努力によつて、これを保持しなければならない。又、国民は、これを濫用してはならないのであつて、常に**公共の福祉**のためにこれを利用する責任を負ふ。

　多数の人間が社会を作り、共同生活を営んでいくうえで、各人の権利を無条件かつ無制限に認めることは不可能である。各人の人権が対立し衝突する場合の調整・調和、これが人権解釈論上の最大の課題となる。「人権と人権の衝突」は、すでにフランス革命の当時から意識されていた。革命を推進した側にも、ボルドー地方の醸造業者のような「持てる者・富める者」（＝大商人や大地主）と、「持たざる者・貧しき者」（「サンキュロット」と言われた労働者）との間で、深刻な対立が存在していた。フランス国旗いわゆる三色旗はフランス革命のシンボルとされるが、

この旗についての古くから伝わる俗説も示唆に富む。それは、青＝「自由」、白＝「博愛」、赤＝「平等」を象徴しているとするものだが、「自由」と「平等」の対立、そしてそれを調整する「博愛」といった発想は、人権論の古くて新しいポイントをついていると言えよう。

日本国憲法は、このような「人権の衝突」を想定しつつ、11条で「人権尊重の大原則」を宣言し、続く12条で「自由及び権利の保持義務」「濫用の禁止」「公共の福祉のために利用する責任」を規定した。

しかし、仮に12条の「公共の福祉」を理由にして、あらゆる人権を無制限に制約できると解釈するなら、憲法の人権保障はまったく意味がないことになる。したがって、「公共の福祉」をどのように解釈するか、そのうえで人権相互の衝突をどう調整していくかが、基本的人権についての憲法解釈上の最大の論点となるのである。

結局は、具体的なケースごとに、①「立法事実」や「立法目的」を分析・解釈し、②様々な利害関係の諸要素を「比較衡量」しつつ、③憲法全体の趣旨から「公共の福祉」の意義を解釈し、個々の事案の判断を下していくことになる。

「公共の福祉」をどう解釈するかは学者によって様々である。私は、人権の成立過程の歴史的な分析や、憲法典に置かれた個別条文の総合的な構成から判断するべきであると考える。

憲法の全条文の中で「公共の福祉」という文言が現れてくるのは、12条、13条、22条1項、29条2項のたった4ヵ所しかない。

そして、12条と13条は、人権全体への一般的な総論規定のなかでの言及であり、個別の人権規定のなかで「公共の福祉」を明記しているのは、22条1項「居住・移転・職業選択の自由」と29条2項「財産権の内容」の2つでしかない。22条1項（とくに「職業選択の自由」）、29条2項は、人権のメニュー分類ではいずれも「経済的自由権」に分類される。

したがって、「公共の福祉」は、とくに経済的自由権への制約原理として強く意識されていると解釈すべきであろう。

Column　音楽は、貴族の館の BGM

　第3講のコラムで、啓蒙主義によって、「神への奉仕」といったそれまでの音楽の役割が大きく変化するようになったと書いた。そのような革命的変化は、音楽家たちの奮闘なくしては起こり得なかった。そこには、個々の音楽家の血のにじむような努力があったのである。

　その先頭を、モーツァルトは心の奥底に苦渋を秘めながら軽やかに駆け抜けた。さらにベートーベンは、悪戦苦闘しながらモーツァルトの開いた突破口を拡大し、音楽の価値を高め、芸術家としての生き方を確立した。

　近代憲法の成立は、このような音楽における革命的変化と時期を同じくしている。音楽も憲法も、ともに啓蒙主義という大きな共通の温床を持っていたのである。

テレマンのいた時代

　日本国憲法の各章でもっとも条文数が多いのは、第3章「基本的人権」である。人権を語りながら、音楽家の自立のための様々な苦難の歴史を語りたい——そんな思いを込めて、学生諸君の前で汗をかきかき、指も震えながら演奏するのが、テレマン作曲の「ターフェル・ムジーク」（食卓の音楽）中の一曲。アーノンクール指揮のCDをバックに、つたないアルトリコーダーを演奏する。なにしろプロの演奏家の卵がじっと見つめているのだから、緊張しないわけがない。

　テレマンはあのバッハと同じ1685年に誕生した。バッハの息子の名付け親になるなどバッハとも深い親交があったが、同時代的には、バッハよりもはるかに知られた大作曲家であった。それどころか、世界初の音楽のマガジンを発行し、自作の器楽作品を付録として掲載し好評を博した。多彩な才能と人柄で、自由交易都市ハンブルクの中心人物の一人であったようだ。

　その彼が残した代表的な作品の一つが「食卓の音楽」であったという

ことは、当時の音楽家の置かれた社会的な位置づけを象徴しているような気がする。

　音楽は、まず教会の中で神に捧げられた。教会の外では、貴族や有力者たちの様々な祝賀あるいは豪華な饗宴のBGMでしかなかったのである。そして、音楽家の地位も、作曲家も楽師も、社会的な身分においては、絶対に貴族と同格にはなりえなかった。豪華な食事が用意されている「食卓」の席に、客として列席することは許されなかった。音楽家の地位は、基本的には貴族の従僕（召使）であり、食事を作る厨房の調理人、食事を提供する多くの召使と、基本的には同格でしかなかったのである。

　このような音楽家の地位が徐々に変わり始めるのは、権力者との様々な戦いの結果である。そして、その先頭にモーツァルトがいた。雇い主であり絶対君主であった大司教とモーツァルトがいかに戦ったかは、後述することになる。

第7講 基本的人権 その2

1 包括的人権

①個人としての尊重

> 第13条（前段） すべて国民は、個人として尊重される。

　憲法13条前段は、「個人」そのものに尊重されるべき価値があることを認めた。
「個人としての尊重」は、まず私生活上の自由と私事をみだりに公にされない（第三者への開示と公表の禁止）といった**プライバシーの尊重**として現れる。判例は、憲法13条を根拠に以下のようなプライバシーの権利があることを認めてきた。
・承諾なくその容貌や姿態などを撮影されない権利→**肖像権**
・承諾なく個人に関する情報を第三者に開示または公表されない権利→**個人情報保護権**
・承諾なく指紋の押捺を強制されない権利
　このようにして判例は、「個人の尊重」を根拠にして、自らの個人的な事柄については自らが決定できる権利、すなわち**自己決定権（人格的自律権）**を持つといった社会規範を形成してきたと言えよう。
　自己決定権をさらに発展させ、「個人情報については、すべて個人がコントロールする権利（**自己情報コントロール権**）」を持つといった主張もある。他方で判例は、住民基本台帳ネットワーク事件において、「行政機関が、住民の本人確認情報を、本人の同意なしで管理、利用する行為については、『みだりに第三者に開示又は公表するとは言えない』として憲法13条違反には当たらない」との判断を示した。

「個人の尊厳」については、第二次大戦のジェノサイド（民族殲滅）などの深刻な反省から、人類の見地に立ったうえで、「個人の自己決定権」によっても侵すことのできない「**人間としての尊厳**」を考えるべきだとの見解もある。

②幸福追求権

> 第13条（後段） **生命**、**自由**及び**幸福追求**に対する国民の権利については、公共の福祉に反しない限り、**立法**その他の**国政**の上で、最大の尊重を必要とする。

　憲法13条後段は、14条以下に列挙された権利・自由以外であっても憲法上の保障が及ぶことを容認する規定である。社会情勢の変化や、国際環境の変化、技術革新など、人権をめぐるさまざまな社会的変化は不断に起こってくる。このような新しい事態に対応して、「憲法の趣旨に合致」していることと「公共の福祉に反しないこと」の２つの要件に合致すれば、新しい人権として憲法の保障を与えることが認められる。このようにして認められた新たな権利を総称して**幸福追求権**とした。幸福追求権は**新たな人権を生み出す創造的機能**を有していると言えよう。

　前記のプライバシー関連以外にも、生成過程の新たな人権として以下のような例がある。ただ判例は、権利としての趣旨を認めつつ、その名称を認めるまでには至っていない。

「環境権」：健康で快適な生活を維持するために、良好な環境を享受する権利。

「知る権利」：国や公共団体などの公的な機関が保有する情報の開示を要求する権利。

「マスメディアにアクセスする権利」：意見広告、反論記事の掲載など、マスメディアを利用する権利。

「人格権」：個人の生命、身体、精神及び生活に関する利益の総体としての人格権。大飯原発の運転差止めを認めた福井地裁（平26.5.14判決）。

2　法の下の平等

①一般的平等原則

> 第14条　すべて国民は法の下に平等であって、**人種**、**信条**、**性別**、**社会的身分**、又は**門地**により、政治的、経済的又は社会的関係において、差別されない。

　平等とは、法の「**適用の平等**」のみならず、法の「**内容の平等**」も意味している（判例）。14条1項の5つの事項は、差別が禁止される場合の単なる例示に過ぎない。それ以外の場合も含む。
　人は自然人である以上、性差、年齢差、所得差など自然的、社会的な相違点を有している。憲法は、平等保障といっても現実の相違点を無視した画一的な取り扱いを求めているわけではない。法律が異なった対応をしても異なる対応に合理的な理由があれば、平等原則に反することにはならない。
　「合理性」の判断には、さまざまな考慮が必要となる。判例は、かつて「尊属殺重罰」事件について、「**差別すべき合理的理由なく差別することを禁止するのが憲法の趣旨である**」と判示した。そして「**合理性」は、立法目的のみならず、それを実現するための手段についても要求される**と判示したうえで、**立法手段が目的達成のために著しく均衡性を欠く場合は、その立法は違憲とされる**と判断した（最判昭48.4.4 尊属殺重罰事件）。法定刑を「死刑又は無期懲役」に限定していた旧刑法200条は、憲法14条1項に違反し無効であると判示したのである。
　最近の判例では、非嫡出子の相続分を嫡出子の2分の1と定めていた民法900条4号但書について、「子にとっては自ら選択ないし修正する余地のない事柄を理由として、不利益を及ぼすことは許されない」として同条同号但し書きを憲法違反とした最大判（平25.9.4）がある。
　いずれもその後に法改正が行われ、違憲とされた規定は削除された。

②貴族制度の否定

> 第14条2　華族その他の貴族の制度は、これを認めない。
> 3　栄誉、勲章その他の栄典の授与は、いかなる特権も伴はない。栄典の授与は、現にこれを有し、又は将来これを受ける者の一代に限り、その効力を有する。

③家族制度における個人の尊厳と両性の平等

> 第24条　婚姻は、**両性の合意**のみに基いて成立し、夫婦が**同等**の権利を有することを基本として、**相互の協力**により、維持されなければならない。
> 2　配偶者の選択、財産権、相続、住居の選定、離婚並びに婚姻及び家族に関するその他の事項に関しては、法律は、**個人の尊厳**と**両性の本質的平等**に立脚して、制定されなければならない。

　明治憲法下の民法・親族編では、婚姻について「戸主の同意」や「親の同意」が必要とされていた。また、夫と妻の行為能力を別異にするなど、家族を個人的結合体とは捉えていなかった。
　憲法は、これに対し、「個人の尊厳」「両性の本質的な平等」を基本とする新たな立法指針を示した。これを受けて、1947（昭和22）年、民法第4編、第5編は全面的に改正され、現行法となった。

3　精神的自由権

　自由とは、自己のあり方を、みずからの責任によって決められることを意味する。
　自由には、「何をするかの自由」（積極的な意味）だけではなく、「何もしないことの自由」（消極的な意味）も含む（たとえば、宗教「選択」の自由は前者であり、「無宗教」の自由は後者）。

ただし、自由も社会を前提として認められる以上、無制限の自由はありえない。**自由には、社会に内在する制約がある**。この考え方は、たとえばフランス人権宣言においても「自由とは、他を害しない一切のことをなしうる能力である」と表現されたように、近代憲法の成立当初から意識されていた。

自由権の内在的な制約の判定は、個々の権利の性質や事例ごとに具体的な比較衡量をしながら判断することになるが、その際の判断基準として一般的に説かれてきたのが「**二重の基準論**」である。

すなわち自由権を**精神的自由権**と**経済的自由権**のいずれかに分類し、**精神的自由権については憲法的な保障を厳密に解釈し、経済的自由権の場合には政策的な考慮による制限を柔軟に認める**。

①思想良心の自由

> 第19条　思想及び良心の自由は、これを侵してはならない。

思想・良心の自由は、精神的な自由権の論理的な出発点となる権利で、これを合わせて「**内心の自由**」という。

キリスト教国のような宗教的な歴史をもたないわが国の憲法の解釈としては、宗教的な心性に限定されない。人生観、世界観、道徳的価値観など、各人の内心的な思想や信条も当然保護の対象となる。

論理的な出発点であるので、個別の精神的自由権と重複することが多い。思想・良心によって差別されないことは14条1項で、思想・良心を表現する自由は21条でそれぞれ保障される。

19条が保障する固有の自由の内容としては、**思想良心に反する行為を強制されない自由**と**みだりに思想良心の外部的な表白を強制されない自由**の2つが残る。すなわち、自由な意思形成の前提となる「内心の自由」を保障するのが19条の固有の趣旨である。

内心の自由は、すべての自由権の出発点として重要である。しかし、これを根拠にしてすべての法的強制を拒否できるとなると、法規範の効

力は失われ、社会的なルールは無意味になってしまう。内心の自由を守ることと、社会規範を強制することのどちらを優先すべきか、現代の「踏み絵」ともいうべき複雑かつ微妙な判断を迫られるケースは今後も起こりうる。「君が代ピアノ伴奏事件」(最小判平19.2.27)※は、その好例である。

※東京都内の市立小学校の音楽専科の教諭に対し、入学式の国歌斉唱の際に「君が代」の伴奏をおこなうよう校長が求めた（職務命令）が、これに従わなかったために教諭は戒告処分をうけた。教諭は、職務命令は憲法19条違反であり、戒告処分は違憲無効と主張。
多数意見（4名）：入学式や卒業式において、「君が代」斉唱が広く行われていたことは周知の事実であり、音楽の教諭にとって通常想定され期待されるものであって、(略)特定の思想を持つことを強制したり、あるいはこれを禁止したりするものではなく、特定の思想の有無について告白することを強制するものでもなく、児童に対して一方的な思想や理念を教え込むことを強制するものとみることもできない、などの理由で憲法違反の主張を退けた。
反対意見（1名）：ピアノ伴奏を命じる校長の職務命令によって達せられようとしている公共の利益の具体的な内容は何か。そのような利益と「思想及び良心」の保護の必要との間で、慎重な考量がなされなければならない。

②宗教の自由

精神的自由権の中心に位置づけられる権利。そのため、憲法の規定の仕方も周到である。

信教の自由

> 第20条（前段）　**信教**の自由は、何人に対してもこれを保障する。
> 2　何人も、宗教上の**行為**、**祝典**、**儀式**、又は**行事**に参加することを強制されない。

「宗教」とは、憲法学では、超越的な絶対者の存在を確信し、これとの関係で人の生を意味づけようとする心意（心および意識のこと）と解するのが一般的である

信教の自由は、具体的には以下の内容を持つ。

信仰の自由：宗教を信仰する自由、無宗教の自由、宗教を選ぶ自由、宗

教を変える自由、自らの宗教について沈黙する自由など
宗教的行為の自由：単独または集団で宗教上の様々な活動を行う自由（祝典、儀式、行事、礼拝、祈祷など）
宗教的表現の自由：自らの信仰を外部に発表する自由や宗教を宣伝する自由（表現の自由の一部）
宗教的結社の自由：宗教活動を行うための団体を結成する自由（結社の自由の一部）

政教分離の原則

> 第20条（後段）　いかなる宗教団体も、国から特権を受け、又は政治上の権力を行使してはならない。
> 3　国及びその機関は、宗教教育その他いかなる宗教的活動もしてはならない。

　各国の憲法典における政治と宗教の規定の仕方についてはさまざまなバリエーションがあるが、日本国憲法は、あらゆる宗教・宗派に対する**公的機関の中立性**を要求している。
　20条1項の「宗教団体」とは、特定の宗教の信仰、礼拝または普及などの宗教的活動を行うことを目的とする団体のことをいう。また、「特権」とは、一般の宗教・宗派には認められない優遇された地位や利益を指す。「政治上の権力」とは、国その他の公権力に認められる支配権力のことである。
　なお、各種税法には宗教法人に対する非課税措置が規定されているが、宗教全体に対する尊重の趣旨で規定される限り、憲法の一般精神のあらわれとして違憲とは言えない。
　20条3項が公的機関に禁止している「宗教的活動」とは、宗教とかかわるすべての行為を禁じたものではなく、活動の目的が宗教的意義を持っていること、そして活動の効果が特定宗教に対する援助、助長、促進、圧迫、干渉となるような行為を禁止しているとするのが判例である。この目的と効果の2つの基準から、特定神社の例大祭への県費の支出を

違憲と判断した事例がある（最大判平 9.4.2 愛媛玉ぐし訴訟事件）。

③学問の自由

> 第 23 条　学問の自由は、これを保障する。

　学問の自由とは、**真理を探究する自由**と、探求された**成果を発表する自由**の 2 つを意味する。
　真理は、それ自身価値を持ち、いかなる権威によっても決められるものではない。他の権威による干渉は人類の真の進歩を妨げるといった啓蒙主義の基本的な考え方に立っている。
　学問の自由が最初に取り上げられたのはドイツであり、そこでは「大学の自由」が大きな役割を持った。そこで、学問の自由は、ひろく国民に対して自由を保障するとともに、とくに大学における学問の自由を保障したものと考えられている。
　大学の本質は研究と教授にあるので、「大学の自由」は研究の自由と教授の自由の 2 つを含むことになる。ただ、憲法上は学問の自由の保障にとどまっているので、研究の自由は憲法の保障の内容であるが、教授の自由は学校教育法 83 条の「知識を授け、専門の学芸を教授研究する」といった大学の設置目的に由来する法律上の権利としての位置づけにとどまると解釈されている。

大学の自治

　大学における研究の自由と教授の自由を確保するために、施設及び学生の管理については一定の自治権が認められる。これが「大学の自治」である。ただし、「自治」の範囲は研究と教授であり、大学の許可があったとしても、大学内で行われる実社会の政治的・社会的活動にあたる行為をする場合についてまで、大学の自治が認められているわけではない（最大判昭 38.5.22 東大ポポロ座事件）。しかし、警察機関が学内において恒常的・継続的に情報取集活動を行うことがあれば、自由な研究と教授が損なわれることになるので、これは学問の自由を保障した

23条に違反することになろう。

④表現の自由

> 第21条　**集会**、**結社**及び**言論**、**出版**その他一切の表現の自由は、これを保障する。
> 2　**検閲**は、これをしてはならない。**通信の秘密**は、これを侵してはならない。

「表現」とは、内心の決定を外形的手段によって外部に発表することである。

憲法21条1項は、集会、結社、言論、出版というそれぞれの自由を保障した。しかし、これは歴史的表現方法の例示（参考：「自由に、話し、書き、出版することができる」フランス人権宣言第11条）であり、これだけに制限する趣旨ではない。「一切の表現の自由」が憲法保障の内容である。

2項後段の「通信の秘密」は、人権のジャンルでは、「私的生活の不可侵」に関する権利に分類される。

主権者としての国民が、自由に意思形成するための重要な前提が「表現の自由」である。そのために、単なる意見の「表明」のみならず、**情報に接し入手する自由**、**政治的意見表明（＝政治活動）の自由**、**報道の自由**、**取材の自由**などの派生的な自由も「表現の自由」に含まれると解釈される。

ただし、公正な裁判の実現といった憲法上の要請があるときは、ある程度の制約を受ける（最大判昭44.11.26博多駅テレビフィルム事件）。

取材の自由は、さらに以下の2つの内容を持つ。

取材活動の自由：取材活動が公権力によって不当に妨げられない
取材源の秘匿：取材資料の提出、取材源の開示を不当に強制されない

不都合な情報を秘匿したい権力側とこれを報道したいマスコミの間では、取材の自由をめぐる対立の歴史がある。たとえば「取材活動の自

由」については、沖縄密約情報を外務省女性職員から入手した方法を巡って「法秩序全体の趣旨に照らし、社会観念上是認しえないような手段や方法まで認める趣旨ではない」とする最高裁の決定（昭53.5.31）がある。

「取材源の秘匿」については、「取材の自由を確保するために必要」として証言拒絶を認めた判例がある（最決平18.10.3NHK記者事件）。

また、他人の名誉やプライバシーとの関係で、表現の自由が制約されることがある（著作の中で前科にわたる事実を指摘したうえで実名を公開したことに対し損害賠償を認めた判例。最判平6.2.8ノンフィクション「逆転」事件）

表現の「内容」と「態様」

表現の「内容」を理由とする制約は厳格に制限されなければならない。しかし、表現の態様（時、場所、方法）によっては、第三者に様々な影響を及ぼす場合もあるため、「合法的な政策目的のために、必要かつ合理的な範囲における制約なら許される」とするのが判例である（公道における街頭演説・ビラ配布についての許可制や時間、場所、方法についての規制を合憲とする判例）。

検閲の禁止

検閲とは、公権力が、外部に発表されようとしている思想の内容を事前に審査し、不適当と認めるときはその発表を禁止すること（＝事前審査）をいう。

明治憲法時代には、事実上の検閲制度が存在した（内務大臣には出版物の発売・頒布を禁止する権限が与えられていた⇒「内閣」）。また、太平洋戦争の配給制度のもとで、紙の配給拒否といった手段によって新聞社に対してまで本格的な検閲が行われた。

裁判所による出版の事前差し止めも、司法による「事前抑制」となりうる。厳格かつ明白な条件を付して、例外的に事前差し止めを認めた判例がある。「表現内容が真実でないか、もっぱら公益を図る目的のものでないことが明白であり、かつ被害者が重大にして著しく回復困難な損害を被るおそれがある場合に例外的に許される」（最大判昭61.6.11 北

方ジャーナル事件)。

⑤放送の自由

放送とは「公衆によって直接受信されることを目的とする無線通信の送信を」いう（放送法2条）。放送の自由とは、こうした電波メディア（ラジオ・テレビ）による情報提供の自由をいう。憲法上明文はないが、憲法の保障する表現の自由に含まれていると解される。放送法1条2号は、このことを明記している。

しかし、割り当て周波数が有限であることや、放送の持つ社会的影響がきわめて強いこと、人々の日常生活に不可欠な情報を公平かつ迅速に伝達する必要性など、電波メディア特有の性格から、放送についてはさまざまな規制が行われ、これらは一般的に合憲と解釈されている（放送事業免許制、番組編集準則、調和準則などの放送内容への公的規制など。放送法3条の2）。

テレビ局の事業免許は総務大臣の所管とされており、5年に1度更新される。もし行政側が、この免許制度を背景にして恣意的な行政指導を行えば、報道機関が萎縮することは明らかである。公権力の側が報道機関に対して、「放送の不偏不党」（1条2号）や「政治的公平」（4条2号）を求めることは、慎重であるべきである。

⑥集会結社の自由

「集会」「結社」、すなわち人が集まり団体を作ることは、人間の本質的な営みである。憲法21条1項前段は、表現の自由の代表例としてこの権利を保障した。しかし、「言論」や「出版」とちがって、社会内での活動や行動を必然的に伴うこととなるので、この自由への制約をさまざまに検討することが多くなる。

集会の自由

集会とは、類似の傾向を持つ者が集まり、共通目的を達成するために合同して活動することをいう。

ここでは**「公安条例」**の合憲性が問題となる。公安条例とは、屋外の

集会、デモ行進についての届け出制度や集会で守るべき諸規則などを義務付けている条例のこと。地方自治体は、一般的にこの条例を制定している。

しかし、公安条例が過度な規制を設定すると、集会・結社の自由や、政治活動の自由は有名無実になりかねない。このため公安条例の合憲性については多くの判例が存在する。

たとえば、新潟県の公安条例については、最高裁は以下の①～③の要件を付してその合憲性を認めた。

判決の要点は、①集会や行進が、不当な目的・方法のものでない限り、たんなる事前届出制ならともかく、一般的許可制は許されない。②行動の場所や方法を、合理的かつ明確な基準のもとに制限することは許される。③公共の安全に対する明らかな差し迫った危険を及ぼすことが予測されるときは、それを禁止することができる（最大判昭29.11.24）。

判例には、「公の秩序をみだすおそれがある場合」との漠然とした公安条例の規定について、「人の生命身体などが侵害され、公共の安全が損なわれる危険を回避・防止する必要性が上回っている場合」と限定解釈したうえで、合憲と判断した例がある（最判平7.3.7）。

結社の自由

「結社」は、共同目的のために多数人が継続的な団体を結成することである。このような団体を組織し、また運営することの自由を意味する。政党結成の自由もこれに含まれる。

政党は民主制の不可欠の前提であるが、判例上、政党とは、政治上の信条・意見を共通にする者が任意に結成する政治結社をいい、自由主義的民主制に不可欠の存在として、その運営には高度の自律性と自主性が保障されるとされている（最判昭63.12.20袴田事件、最判平7.5.25日本新党事件）。

⑦居住・移転・外国移住・国籍離脱の自由

> 第22条　何人も、公共の福祉に反しない限り、居住、移転及び職業選択の自由を有する。
> 2　何人も、外国に移住し、又は国籍を離脱する自由を侵されない。

　封建時代の身分制的拘束から解放することが、22条の自由のポイントである。ただ、今日では、「職業選択の自由」は経済的自由権であり、そのほかの「居住」「移転」「外国移住」「国籍離脱」の自由は、精神的自由権として整理されている。なお、国際協調主義の立場から、無国籍になる自由まで認めたものではないと解されている。

Column 「飲んだくれ」の背景 ベートーベンの父親の場合

　ベートーベンの父親はひどいアルコール中毒で、神童モーツァルトのようにベートーベンを育てようとして家庭内暴力をふるった、そんなイメージが強い。1995年に公開された映画「不滅の恋／ベートーベン」でもそう描かれていた。

　しかし、ベートーベンの耳の障害が父親の虐待から生じているというストーリーは、少し作りすぎの感がある。実際は、ボン宮廷の楽長として高い地位にあった父親（ベートーベンの祖父）と、すでに尋常ではない楽才を発揮する息子という、「父」と「息子」への二重のコンプレックスに苦しんでいたようだ。

　この苦しみを紛らすために、ベートーベンの父はアルコール依存を高めていった。幼少の時にすでに母を失っていたベートーベンは、飲んだくれの父親と弟たちを養うため、10代で一家を支えなければならなかった。しかしここでは、父のアルコール依存に拍車をかける「ある事情」に触れなければならない。それは、当時の一般的な音楽家の地位に結びついている事情である。

前講のコラムでも触れたが、当時の宮廷における音楽家の地位は「従僕」の一員であり、厨房で働く料理人と同じだった。貴族に奉仕し、食事の際は邪魔にならないようにバックグランド・ミュージックを演奏する。この音楽家の地位を背景に、ベートーベンの父親は、厨房に自由に出入りできた。そしてそこに備蓄してあったビールでもワインでも、気の向くままに飲むことができた。その結果のアルコール依存症だったのではなかろうか。

息子は厨房から出て貴族と対等に
　この音楽家の地位が、じわじわと変わっていく。音楽史上、音楽家としての自立を求めて明確なプロテストをし、職業としての音楽家の独立性と自己決定権を主張した第一号はモーツァルトだったと言えよう。
　そして、ベートーベンの時代となると、彼の凄まじい気迫と圧倒的な作品の結果、芸術家として自立し、才能を以て貴族と対等に友人関係を結べる新しい時代が展開されるようになるのである。
　なお、あまり知られていないもう一つのエピソードを紹介したい。それは、宮廷オルガニスト助手としてベートーベンを最初に雇ったボン宮廷の主は、あの啓蒙君主ヨーゼフ２世の末弟、マクシミリアン・フランツだったという事実である。
　彼が、ケルン大司教そして選帝侯としてボン宮廷（大司教の別宮）の新たな盟主となったのは、ベートーベンが14歳の時。啓蒙君主である兄を敬慕していたマクシミリアンは、ボンにおいても啓蒙的な政策を実行する。ボン大学に医学、法学、言語学などの新進気鋭の学者を招聘したのだ。19歳のベートーベンも、こんな時期のボン大学に学生として登録している。そしてベートーベンがウィーンに活躍の場を移す20歳までの間、少年期から青年期のベートーベンに様々な影響を及ぼしていくことになる。
　ベートーベンも啓蒙主義の圧倒的影響を受けていたのである。

第8講　基本的人権　その3

1　経済的自由権

　人が生活を営む基盤が経済的手段であり、近代憲法は、その中核としての「所有の自由」や「職業の自由」を早くから保障してきた。
　20世紀になって自由主義国家に登場した社会国家思想あるいは福祉国家思想は、いわゆる社会権（生存権、教育権、労働権）などの新たな人権を生み出すとともに、従来の経済的自由権にも広い制約の可能性を認めるようになった。

①職業の自由

> 第22条　何人も、公共の福祉に反しない限り、……※**職業選択の自由**を有する。

職業選択・営業の自由

　職業「選択」の自由とは、本来は、封建的な身分制からの自由の意味だった。しかし、「選択」した後の「活動」の自由までつながらないと経済的な利益は得られない。したがって22条は、職業選択の自由と同時に職業「活動」の自由、すなわち「営業の自由」を保障していると解釈される。

※22条1項は、「精神的自由権」に分類される「住居、移転の自由」と、「経済的自由権」に分類される「職業選択の自由」が混在する規定である。混乱を避けるために、前者はカットした。

「**職業**」とは、**生計を立てる目的で継続的に行う経済的活動**のことで、「**営業**」とは、**もっぱら営利を目的として反復継続して行う事業**のこと。

②職業の自由に対するさまざまな規制

20世紀以降の急激な技術革新やグローバル経済そして情報革命などのかつてない事情は、それ以前には想定できなかったような、複雑で広範な経済関係や新たな社会問題を生み出した。その結果、判例は、「著しく不合理であることの明白」でない限り、精神的活動の自由には許されないような制約も、職業の自由や営業の自由に対しては容認してよいとしている。

判例は、様々な業種に対しての制約を合憲として認めてきた。

例えば、届け出制＝貸金業、登録制＝薬局（旧薬事法）、免許制＝酒類販売業、許可制＝古物営業、資格制＝歯科技工士、宅地建物取引業、司法書士、団体強制加入制＝弁護士などがある。

他方、新たな社会情勢に合致しなくなった規制を無効とした例もある（最大判昭50.4.30 薬局の距離制限規定）。

2　財産権

> 第29条　財産権は、これを侵してはならない。
> 2　財産権の内容は、**公共の福祉**に適合するやうに、**法律**でこれを定める。
> 3　私有財産は、**正当な補償**の下に、これを**公共**のために用ひることができる。

憲法29条は、わが国において私有財産制を制度的に保障する趣旨と解釈するのが一般的である。

しかし、1項では「これを侵してはならない」と規定しながら、2項においては、その「内容」は「公共の福祉」に適合するよう「法律」で定めるとして、財産権の内容自体を国会の政策的判断に委ねた。「侵してはならない」としつつ、財産権の内容そのものまで国会が自由に決められるとするのは矛盾ではないのか等々、1項と2項の関係については

多くの議論がある。

通説は、1項を私有財産制の制度保障をした規定と解釈し、2項を経済的自由権への政策的な制約をひろく容認するための規定と解釈する。

これに対し、1項は特権的な営業独占を排除する（＝競争促進的）ための経済規制の根拠と考え、2項は、弱者保護の観点にたった経済規制の根拠（＝競争制限的）と解釈する考え方もある。

法律による規制と「公共の福祉」

2項の規定は、権利の侵害を権力に禁じるといった人権規定の一般的な手法を超え、権利の「内容」自体を「法律」が決定するといった徹底した書き方をとった。財産権は、「公共の福祉に適合」していれば、広く法律による権利制限を容認する。制限どころか、権利の内容自体も法律で決定できるのである。表現の自由、人身の自由と人権保障の仕方が基本的に異なっていることに着目する必要がある（→「二重の基準論」の根拠）。

現在、農地法、破産法、借地法など、所有権、職業の自由、営業の自由などの経済的自由権の重要な内容自体を制約するといった多数の経済立法が存在する。そして、それらについての合憲判断が下されている。

農地法の例：農地の所有権の内容制限⇒賃貸借は「知事の許可」

破産法の例：破産手続きにおける債務者への免責決定⇒債権者の追及を破産手続きで遮断

ただ、「公共の福祉に適合」するかどうかについては、判例は「規制の目的」「必要性」「規制の内容」「財産権の種類や性質」「加えられる制限の程度」などについて比較考量して決すべきだとし、事例ごとの詳細な審理を行っている。その結果、合理的な裁量の範囲を超えて29条2項違反であると判断した例もある（森林法事件、旧関税法の没収事件など）。

公的収用権の留保

3項は、「公共の目的」があれば、「正当な補償」のもとに私有財産を収用または制限することを認めた。その場合の要件は、①公的収用できる場合が法律によって明確に規定されていること、②収用目的が「公共

の目的」のためであること、③財産上の価値の損失については「補償」がされること、とされている。

「正当な」とは客観的価値に対応すること（土地収用法71条（「近傍類地の取引価格を考慮して算定」））であり、財産権に内在する社会的制約（例：各種の都市計画制限）の範囲にとどまるような財産的利益の喪失については補償を要しない。

Column 「魔笛」は、危険なオペラ!?

　なぜオペラ「魔笛」は、あの時期に書かれたのだろう──県民オペラ「魔笛」に弁者の一人として出演して以来、この疑問が続いている。それどころか、モーツァルトを知れば知るほど謎は深まり、興味も広がっていく。

　「魔笛」の解説書には、かならず「フリーメーソン」の話が出てくる。なぜなら「魔笛」には「沈黙の試練」「火の試練」「水の試練」などメーソンに関連する象徴やエピソードがふんだんに出てくるからである。

　ハプスブルク領内にメーソンを初めて導入したのは、女帝の夫ヨーゼフ１世。そして、息子のヨーゼフ２世は、自らの改革政策の支持勢力としてメーソン会員に期待を寄せた。このためハプスブルク宮廷の有力な貴族たちはこぞってメーソンに入会した。そして、モーツァルト自身も、ウィーン生活が始まってから４年後の1784年に支部クラブ（「ロッジ」）「善行」に入会し、父親レオポルトやハイドンも、時期を同じくしてメーソンの会員となった（巻末付録３参照）。

　モーツァルトがメーソンに入会した理由を、経済的理由（予約演奏会や金策など）に求める考えもあるが、それは誤りだろう。本人が書き残した資料はないが、メーソン関係の作品すべてを収録したCD（ロンドン交響楽団、指揮イシュトヴァン・ケルテス、1968年）を聴いてみると、モーツァルトのメーソンへの思いが率直に伝わってくる。

　そこに表現されているのは「自然は、探究心をもって見つめれば、そ

の姿を少しずつ現す」（k.471 カンタータ〈フリーメーソンの喜び〉石井宏訳）などの啓蒙主義の自然観や考え方である。さらにヨーゼフ2世についても、「賢者ヨーゼフは月桂樹を冠に結ぶ」（k.471）、「ヨーゼフの慈愛は、三重の焔を僕らのために」（k.483〈今日こそ浸ろう、親愛なる兄弟よ〉）などと触れられている。

　モーツァルトが死の床に臥す2日前に演奏し、自作品目録の最後に書き入れた曲は「フリーメーソンへの小カンタータ」（k.623）だった。これら、メーソン関係の作品に共通して流れるあたたかでシンプルな響きを聴くとき、モーツァルトのヨーゼフ革命やメーソンに流れる啓蒙主義哲学への真剣な思いを実感することができる。

モーツァルトの覚悟

　しかし、「魔笛」初演の前後、メーソンをめぐる社会的な環境は激変しつつあった。そのころのポイントとなる歴史的な出来事を列挙すると、フランス革命の勃発（1789年7月～）→革命皇帝ヨーゼフ2世の死（1790年2月）→ルイ16世一家の国外逃亡（国境近くのヴァレンヌ村で逮捕されたため「ヴァレンヌ事件」と言われる、1791年6月20日）→「魔笛」初演（1791年9月30日）→モーツァルト没（1791年12月5日）という流れになる。

　このようなフランスの情勢、さらには革命勃発の翌年1790年2月の皇帝ヨーゼフ2世の逝去が、フリーメーソンの置かれた状況を一変させる。改革の支持勢力としてのメーソンはもはや不要となり、それどころか革命の混乱を帝国内に持ち込みかねない危険な勢力へと見方は180度違ってくる。ヨーゼフ2世の後を継いだ弟のレオポルト2世は、兄とは異なり、貴族たちが内心では反発している改革には消極的。フランスの混乱をハプスブルク領内に波及させないことに、大きな関心を払うようになる。

　そして、このようなフランスの大混乱の仕掛け人がメーソンであるとの誤解や噂が、ウィーンで色濃く流れる[※]。

　こういった初演前後の事情から考えれば、「魔笛」は政治的にかなり

「危険なオペラ」と見なされかねない要素を抱えていたと言える。興行主であり台本作家のシカネーダーはもちろん、作曲家のモーツァルトもこのへんの事情を認識しなかったはずはない。にもかかわらず、モーツァルトは初演の指揮棒を握った。モーツァルトの真意は、いったいどこにあるのだろうか。

「啓蒙主義への真摯な思い」と「ヨーゼフ改革への共感」こそ、危険なオペラ「魔笛」を最後のオペラとして作曲し初演を断行したモーツァルトの思いだった、私はそう考えている。

そして「魔笛」は、モーツァルトの素晴らしい音楽の力で人々の圧倒的な支持を得ながら、政治的懸念や憶測を軽々とのりこえて全世界に広がっていく。モーツァルトは、凡人の想像をはるかに超えた信念と「したたかさ」の持ち主でもあったようだ。

※ロビンズ・ランドンの「モーツァルト・ザ・ゴールデン・イヤー」の巻末付録5には、〈イルミナーティー〉の会員名簿が掲載されている（HHS（家＝宮廷＝国家アルヒーフ）所収）。その中には著名な会員としてラファイエット将軍、前国民議会議員バルバーブ、現国民会議員ブリソ、ロシュフォコー現国民会議員、フォシェ司教、「ペーヌ、文筆家、パリの人民代表」などの、フランス革命の著名な指導者の名前が列挙されている。

第9講 基本的人権 その4

1　国務請求権（受益権）

　自己のために国の作為を求める権利のことを国務請求権あるいは受益権という。もっとも古典的な権利は、「**裁判を受ける権利**」であり、日本国憲法では、さらに「**国家賠償請求権**」と「**刑事補償請求権**」を新たに規定した。

①裁判を受ける権利

> 第32条　何人も、裁判所において裁判を受ける権利を奪はれない。

　「裁判を受ける権利」とは、裁判の拒否をされないことを意味する。具体的には、①裁判なしで刑罰を科されない（刑事）、②自力救済は禁じられ、権利の確保は裁判手続きを経て行う（民事）、といった内容になる。
　行政機関も、終審としてでなければ、裁判をする余地がある（→行政審判）。その結果「裁判所において」の意味は、「終審として裁判所において裁判を受ける権利」となる。
　「裁判所における裁判」は「法律上の争訟」（＝「具体的な権利義務ないし法律関係に関する紛争」であり、「法令の適用により最終的な解決ができる争い」）に対して行われる。宗教上の教義問答などは、裁判にはなじまない。

②国家賠償請求権

> 第17条　何人も、公務員の**不法行為**により、損害を受けたときは、法律の定めるところにより、国又は公共団体に、その賠償を求めることができる。

　立憲主義の中心となる「法の支配」の考え方は、行政においては「法律による行政」という原則となる。その主な内容は、**①違法な行政処分の効力を否定するために、裁判所へ訴えることを保障する、②行政庁の不法行為に対して損害の賠償請求を認める**、の2つであるが、憲法17条は、②に対応する規定で、このための法律が国家賠償法である。
　国会議員の立法あるいは立法不作為については、国民主権の論理からすると国家賠償の対象とはなりえない。ただし、例外的にこれを認めた判例がある（最大判平17.9.14在外日本人選挙権剥奪違法確認等請求事件）。
　「法治主義」と「法の支配」は似ているようで違う。
「法治主義」：法の内容を問わず、支配の根拠に法律があればよいと考える（＝「悪法も法なり」）。
「法の支配」：法の内容自体が、国民の人権や自由を守るべきものであることを求める。

③刑事補償請求権

> 第40条　何人も、抑留又は拘禁された後、**無罪**の裁判を受けたときは、法律の定めるところにより、国にその補償を求めることができる。

　無罪の裁判とは、無罪の裁判が確定したことをいう。このための法律は刑事補償法である。
　刑事補償法4条は、刑事補償金の額を「一日1000円〜1万2500円

の割合」と規定。当事者は、裁判が確定した後に裁判所に申し立てをし、裁判所は事案に応じて金額を決定する。

2 社会権（社会国家的国務請求権）

20世紀になって、憲法の人権規定の中に社会国家思想や福祉国家思想に基づく新たな国務請求権が登場する。日本国憲法では25条の**生存権**、26条の**教育権**、27条・28条の**勤労者の権利**であり、これらは社会権と呼ばれる。

①生存権

> 第25条　すべて国民は、健康で文化的な最低限度の生活を営む権利を有する。
> 2　国は、すべての生活部面について、社会福祉、社会保障及び公衆衛生の向上及び増進に努めなければならない。

憲法典の中には、直接に法的効果を持つのではなく、**国政の目標や指針を宣言し、国の政治的・道義的な義務を定めた規定**が置かれることがある。このような規定を**プログラム規定**といい、憲法25条の「生存権」はプログラム規定と解釈するのが通説・判例である。他方、一定限度での権利性を認める権利説も主張されている。

25条1項の「健康で文化的な最低限度の生活」の具体的な内容は、憲法の解釈から直ちに導き出されるものではない。その内容は、憲法以外の様々な要素を多角的に考慮し、政策的判断をすることによって定まるものである。判例も、「この規定は、社会国家の理想が要求するところを概括的に国民の『権利』と宣言したまでであり、司法手続きによって実現しうるような具体的請求権を直接に保障したものではない」とした（最大判昭42.5.24朝日訴訟、最大判昭57.7.7堀木訴訟）。

25条の趣旨を立法化したのが**生活保護法**である。同法は、「自立助

長」（1条）、「補充制」（4条1項）、「他法優先」（4条2項）などの受給条件を定めたうえで、「最低限度の生活」とは「健康で文化的な生活水準を維持することができるもの」（3条）と規定したが、受給者は年々増加の一途をたどり、厚生労働省の発表（2016年11月）によれば、同年8月の生活保護受給世帯は163万6636世帯の過去最多となった。不正受給の報道も相次ぐなど、制度の現状に対する批判も高まっている。憲法25条の理想の実現には困難な道のりが続いている。

②**教育を受ける権利**

> 第26条　すべて国民は、**法律**の定めるところにより、その**能力**に応じて、ひとしく教育を受ける権利を有する。
> 2（後段）　**義務教育**は、これを無償とする。

20世紀初頭のロシアの社会主義革命に対応して、西側諸国には社会国家思想や福祉国家思想が生まれた。憲法26条1項はこのような流れを受け、社会での競争の出発点となる教育について、国民各自に「教育を受ける権利」を認め、能力開発の機会を平等に与えることとした。

この権利（＝教育権）の主体は国民・児童である（かつて行政側は国家教育権説を唱えていたが、これは判例によって否定された＝旭川学テ事件）。しかし、権利の主体が児童・国民であるとしても、行政の関与は教育実施のために不可欠である。このため憲法26条は、その具体的施策の内容は、様々な状況を考慮したうえで「法律」が決定すると規定した。そのための法律が教育基本法や学校教育法である。

権利の性格は、国家に対して教育条件の整備を求めるプログラム規定と考えるのが通説である。なお、子どもの学習する権利（学習権）を基本的人権として認める立場からは、「教育を受ける権利」は、自然権の性格も併有していると解釈される。

第2項は、無償の義務教育を提供することを国の義務と規定した。ここには、1項のような「法律の定め」という留保はないので、2項はプ

ログラム規定ではなく、「無償の教育」は憲法上の義務となる。
「無償」とは、教育の対価である授業料の徴収をしないことを意味する。ただし、この趣旨は拡充され、義務教育の教科用図書の無償配布が立法化されている。

③勤労の権利

> 第27条　すべて国民は、勤労の権利を有し、義務を負ふ。

社会国家思想であっても、各人の生活はその勤労によって維持されるのが当然の原則であり、この規定の意義は、国に対して勤労の機会を提供するよう配慮すべきことを義務づけたものと解されている。

④勤労者の勤労条件と労働三権

憲法は私有財産制（29条）を認めている。したがって私人間の契約については「契約自由」の原則が適用される。

しかし、これを形式的に適用すると、弱い立場の勤労者は、常に不利な条件で雇用契約を結ぶことになりかねない。これを避けるため、企業側・使用者側の「契約の自由」を一定の限度で制限できるようにするのが、憲法27条2項と28条の「労働権」を認めた趣旨である。

勤労条件についての立法義務

> 第27条2　賃金、就業時間、休息その他の**勤労条件**に関する**基準**は、**法律**でこれを定める。

憲法は、雇用契約を当事者間の自由契約に任せず、契約内容については「法律」で定めることとした。これを受け、労働基準法や最低賃金法その他の多くの勤労者を保護する立法が存在する。

ただ、契約自由の大原則がある以上、すべての勤労条件を法定することは不可能であり、法的規制の多くは「基準」を定めるに留まっている。

そこで、実質的に不利な立場におかれる勤労者を保護するために、労働者に3つの権利を保障した。

労働三権

> 第28条　勤労者の**団結**する権利及び**団体交渉**その他の**団体行動**をする権利は、これを保障する。

団結権：勤労者が労働組合などの団体を結成しうる権利
団体交渉権：勤労者が結合体を作り、勤労条件についての約定を交渉する権利
団体行動権（争議権）：団体交渉を成功するために行う団体としての行動（争議行為）を行う権利

　この労働三権を保障するために、労働組合法が制定されている。同法は、使用者による労働組合の組織・運営の介入や、正当な理由のない団体交渉の拒否などを「不当労働行為」として禁止し（7条）、労働委員会による救済措置を定めている（27条）。

　労働関係の具体的な内容を定めている3つの法律（労働関係調整法、労働基準法、労働組合法）は労働三法と呼ばれる。

　公務員の労働基本権を制限する多くの法律が存在するが、これらについて判例は一律に合憲としている。多くの学説はこれを批判し、またILO（国際労働機関）は、「公務員に労働基本権を認めるべきである」等の勧告を出した（2006年）。しかし、政府は依然としてこの勧告に従ってはいない。

3　参政権

　国民が統治に参加する権利を参政権という。憲法が規定している参政権は、自ら公職に就任する権利（被選挙権）、公職に就く者を選ぶ権利（選挙権）、そして国民表決権（レファレンダム：憲法改正・地方自治特別法）の3つである。

なお「請願権」(16条) も、政治的な決定権までは認められないが、その性格は参政権として位置づけられる。

①自ら公職に就任する権利（被選挙権）

被選挙権は、国民主権主義から生じる当然の権利である。明治憲法は明文の規定を置いていたが、現憲法は、14条（「政治的関係において、差別されない」）及び44条（「国会議員の資格」）において、国籍を有するすべての日本国民が被選挙権を有することを当然の前提としている。

被選挙権の年齢は、衆議院議員・地方議会議員・市町村長が満25歳以上、参議院議員・都道府県知事が満30歳以上となっている。

公職への立候補届け出のためには供託金が必要である。一定得票に達しなければ供託金は没収される。

高すぎる供託金は、裕福なものだけが選挙に出られて立候補の自由が損なわれるため、参政権平等の趣旨に触れて違憲となるおそれがある。

②公職に就く者を選ぶ権利（選挙権）
普通選挙

> 第15条3　公務員の選挙については、成年者による**普通選挙**を保障する。

普通選挙とは、国籍・年齢・住居以外の要件を要求せず、広く国民に選挙に参加させることをいう。かつては、性別、財産、納税、宗教、門地など、選挙権にさまざまな制限を設けていた（制限選挙制）が、憲法はこれを禁止した。

年齢要件については、必ずしも成人年齢と一致させることが憲法の要求ではない。2015年6月、公職選挙法等の一部を改正する法律が成立し、選挙権の年齢は18歳以上とされた（2016年6月19日施行）。

選挙違反など選挙の秩序を乱した者に対しては、合理的な理由があれば、法律によって欠格事由を設けても憲法違反とはならない。

投票の秘密

> 第15条4　すべて選挙における投票の秘密は、これを侵してはならない。選挙人は、その選択に関し公的にも私的にも責任を問はれない。

　秘密投票制度は、選挙人の自由な意思による選挙権の行使（「選挙の自由」）を確保するための保障である。
　公職選挙法はその趣旨を実現するために、「他事記載の禁止」や「無記名投票」など、投票に際しての様々な規定を設けている。また、選挙の自由・投票の秘密の侵害・投票への干渉などについての罰則規定を置いている。

投票権の平等

> 第14条　すべて国民は、法の下に平等であつて、人種、信条、性別、社会的身分又は門地により、政治的、経済的又は社会的関係において、差別されない。

　平等選挙は、選挙人の投票資格の平等と、投票価値の平等（one vote, one value）のふたつの内容を持つ。投票権の資格の平等は、選挙権の平等として15条3項の問題であるが、各人の投票の結果が国政にどう反映されるかは、14条1項に固有の問題と考えられる。
　憲法は、選挙に関する事項はすべて「法律事項」とし、議員定数をはじめ選挙に関する様々な事項については、立法機関である国会の合理的な裁量を広く認めた（「選挙事項法定主義」43条2項、44条本文、47条）。
　しかし、投票価値の平等は憲法14条の平等権の重要な内容であり、これについて一票の格差を放置している国会の不作為については、最高裁は衆参ともに厳しい判断[※]を示しつつある。

※最大判（平24.10.17）は、参議院選挙について、都道府県単位が憲法上の要請では

ないとしたうえで、「投票価値の不均衡については違憲の問題が生ずる程度の著しい不平等状態に至っていた」と認定しつつ、選挙自体の効力については「高度に政治的な判断」であることを理由に憲法違反に至っていたということはできないと判示した。

③国民表決（95条、96条）

現行憲法は間接民主制（＝代表民主制）を原則としているが、例外的に憲法改正と地方自治特別法の制定の場合の2つについて、国民（前者）あるいは住民（後者）による直接投票の規定を置いた。このように国民の表決が最終決定権を持つ場合を、レファレンダムという。

④国民罷免（リコール）

憲法典にはこの制度は存在しないが、地方自治法には、地方公共団体の長、地方議会の議員、議会そのものについてリコールの制度が認められている（解職・解散請求）。公職に就いている者に対して、一定数の賛同者があった場合に、罷免の可否を一般選挙人の投票に付し、罷免の可否を決するという手続きで行われる。

最高裁判事についての国民審査は、賛同者の有無を問わず定時に行われるので、リコール制度ではない。

⑤請願権

> 第16条　何人も、損害の救済、公務員の罷免、法律、命令又は規則の制定、廃止又は改正その他の事項に関し、平穏に請願する権利を有し、何人も、かかる請願をしたためにいかなる差別待遇も受けない。

公務の在り方についての願望を官公署に述べる権利。参政権としての性格を持つが、国政についての決定権の意味は持たない。したがって外国人に対しても請願権は認められる。

Column 「フィガロの結婚」と「モーツァルトの結婚」

「フィガロの結婚」には、2つの裏話が隠されている。1つは、モーツァルト自身の結婚であり、もう1つはヨーゼフ2世の臣従令（別名「農奴解放令」）である。この2つの「裏話」を意識しながらオペラを見ると、オペラはさらに面白さを増してくる。

裏話の第1は「モーツァルトの結婚」である。モーツァルト自身は自分の結婚について、父親レオポルトの強烈な反対に悩んでいた。姉ナンネルの態度も冷たかった。

権力者であり雇用主であった大司教コロレードの顔色を常に窺わざるを得ない立場の父親にとって、やっと復職した宮廷オルガニストの地位を一方的に放棄し、ザルツブルクを飛び出して、ウィーンの未来の妻の実母ヴェーバー夫人宅に転がり込むように転居する息子。これは、当時の封建的な社会では「破天荒」の行動であった。

大司教コロレードは、ハプスブルク帝国副宰相の次男。ウィーンでも隠然たる力の持ち主である。真っ向から彼に反発する息子に対し、父レオポルトはいつも肝を冷やしていたことであろう。もちろんモーツァルト自身も、そんな父親の懸念を知らないわけはない。大司教の横やりはかれにとって大きな脅威であったはずである。

裏話の第2は、ウィーンでの新生活の不安を支えてくれた「勅令」の話である。

モーツァルトの背中を押してウィーンでの結婚、定住、そして音楽活動を支えてくれたのは、転居の2か月後、1781年11月1日付けで発布されたヨーゼフ2世の「臣従令」の存在が大きかったと想像する。

臣従令の原文とその具体的な内容については、巻末付録2「フランス人権宣言のさきがけとなったヨーゼフ革命」をぜひ参照してほしい。フランス人権宣言を遡ること8年。同宣言があくまで「宣言」であり、法律としての実効性を持たなかったのに対して、「臣従令」は皇帝の勅令である以上、現実の法規範として直ちに実効性は生じていたはずであ

る。この勅令の存在が、コロレード大司教の強大な権力に対するいわば防波堤としてモーツァルトを守ることになったのである。

「フィガロの結婚」にみられる「権利」

この勅令をモーツァルトが認識していたかどうかについての直接的な資料は存在しない。しかし、いくつかの傍証をあげることはできる。

傍証の一つは、シュテファン大聖堂に残された彼の結婚記録である。ヴェーバー夫人の次女コンスタンツェとの結婚は、臣従令の発令の9か月後、1782年8月4日に行われた。大聖堂の結婚名簿に残された記載によれば、皇王室の地方管理官と宮廷劇場監督の二人の証人の存在を確認できる。ザルツブルクから移住したばかりのモーツァルトも、厳格な当時の婚姻手続きにそれなりに対応して結婚しているのである。二人の宮廷関係者が結婚式に立ち会っている以上、臣従令という基本的な勅令を知っていた可能性は高い。

もう一つの傍証は、「フィガロの結婚」の中のセリフである。いいなづけのスザンナを誘惑しようとする伯爵アルマヴィーヴァをけん制するために、フィガロは「あの権利は廃止されたはず」というダメ出しをする。そのやり取りの中で使われる「権利」は、イタリア語で dritto（複数 dritti）であるが、劇中では以下の3通りの言い方がされている。

① 「dritto feudale」（「封建的な権利」）（第1幕第1景第2場）
② 「un dritto si ingrate achi ben ama」（「深く愛する者にまことに不愉快な権利」）
③ 「dritto ingiusto」（「不正な権利」）（②③ともに第1幕第8景）

（音楽之友社　小瀬村幸子訳　参照）

「フィガロの結婚」の舞台はスペインであってウィーンではない。しかし、ウィーンでの初演を想定していたのであるから、ウィーンでの結婚関係の法律は当然考慮されていなければならないはずである。そして、上記の①から③の言い回しは、台本作家ダ・ポンテも、モーツァルトも、臣従令の内容を正しく認識していたように思えるのである。

第10講 基本的人権 その5

1 私的生活の不可侵

　国民を個人として尊重するための大前提が、個人の「**私的生活の不可侵**」である。しかし、犯罪から国民を守るためには、犯罪者を社会から隔離する必要がある。このように犯罪者の身柄を拘束する場合でも、必要以上の権力の乱用は阻止されねばならない。英米法は、人身を拘束するためには、明確な法律の根拠のみならず裁判所の令状を原則的に必要であるとした。これが**令状主義**であり、憲法35条はこの原則を明確にした。

①住居等の不可侵

> 第35条　何人も、その住居、書類及び所持品について、侵入、捜索及び押収を受けることのない権利は、第33条の場合を除いては、正当な理由に基いて発せられ、且つ捜索する場所及び押収する物を明示する**令状**がなければ、侵されない。
> 2　捜索又は押収は、権限を有する司法官憲が発する各別の令状により、これを行ふ。

　35条は、私的生活を侵害する場合には、裁判所の令状が必要と考える令状主義を定めた規定。1項の「明示する」とは、捜索場所、押収物を明示しないいわゆる「一般令状」は認めないとの趣旨であり、2項の「司法官憲」とは、司法権を行使する官憲すなわち裁判所のことである。
　また、2項の「各別の令状」とは、一件ごとに令状が必要であるとの趣旨である。

令状主義は刑事手続きのみならず、刑事手続きに準ずる強制力を持つ行政調査（例：税法上の質問・立ち入り検査）などの行政手続きにおいても保障される（判例）。

②通信の秘密

> 第21条2（後段）　通信の秘密は、これを侵してはならない。

　通信事業に従事する者は通信の内容のみならず、発信者・受信者が誰かなど、通信事務上の事項についても他に漏らしてはならないとされる（郵便法8条）。捜査機関による郵便物の押収についても、裁判所の令状が必要である。
　一方、電話の逆探知は、被害者（受信者）の同意があれば許される。一定の重大犯罪については、裁判所の令状があれば通信傍受が許される。

2　刑事手続きにおける人身の自由

　正当な理由なしで身柄を拘束されないことは、もっとも基本的な人権である。刑罰権の乱用を防ぐために、近代憲法においては刑罰権を国家に独占させるとともに、**刑罰を科す場合には、国家は法律の適正な手続きに従う**ことを求めた。これを適正手続きの保障という。英米法ではこれを、「デュー・プロセス・オブ・ロー」（Due Process of Law）の原則という。
　その具体的な内容は以下の3つの原則である。
罪刑法定主義：「犯罪」と「刑罰」の双方が、法律によって定められてなければならない
事後刑罰立法の禁止（刑罰不遡及の原則）：実行の時に適法であった行為を、後から遡って処罰することを禁止する
裁判手続きの保障：刑罰を課す場合には、必ず裁判所の手続きが必要である

①適正手続きの保障

> 第31条　何人も、法律の定める手続によらなければ、その生命若しくは自由を奪われ、又はその他の刑罰を科せられない。

　31条は「罪刑法定主義」の大原則を保障する趣旨であると解される。「手続」とは単に刑事手続きの意味だけにとどまらない。犯罪の成立要件、及びその場合に適用されるべき刑罰の内容、すなわち罪刑の両面にわたって「法律」が必要であることを要求している。

②刑罰不遡及──一事不再理・二重処罰の禁止

> 第39条　何人も、実行の時に適法であつた行為又は既に無罪とされた行為については、刑事上の責任を問はれない。又、同一の犯罪について、重ねて刑事上の責任を問はれない。

　「すでに無罪とされた」とは、判決が確定している場合のことをいう。
　二重処罰は、刑事責任が重なることを意味し、追徴税などの行政処分の併科まで禁じる趣旨ではない。

③残虐刑の禁止

> 第36条　公務員による拷問及び残虐な刑罰は、絶対にこれを禁ずる。

　死刑制度は、憲法自身もこれを容認している（31条）と解されるので「残虐」とは言えない。執行方法についても「残虐」かどうかは問われる。ただ、現行の絞首刑は残虐刑にはあたらない（判例）。

④人身拘束の要件
令状逮捕の原則

> 第33条　何人も、現行犯として逮捕される場合を除いては、権限を有する司法官憲が発し、且つ理由となっている犯罪を明示する令状によらなければ、逮捕されない。

　捜査機関の逮捕権の乱用をチェックするための原則である。刑事訴訟法210条の緊急逮捕は、緊急性があり、逮捕権の濫用のおそれが少なく、事後に直ちに令状を取ることが要求されているので、違憲ではない（判例）。

弁護人依頼権・拘禁理由開示

> 第34条　何人も、理由を直ちに告げられ、且つ、直ちに弁護人に依頼する権利を与へられなければ、抑留又は拘禁されない。又、何人も、正当な理由がなければ、拘禁されず、要求があれば、その理由は、直ちに本人及びその弁護人の出席する公開の法廷で示されなければならない。

⑤自己帰罪供述の禁止・拷問の禁止

> 第38条　何人も、自己に不利益な供述を強要されない。

　いわゆる黙秘権を保障する規定。現行の刑事訴訟法はこの趣旨をさらに拡充し、「不利益」かどうかにかかわらず一般的な「黙秘権」を保障している（198条2項、311条）。
　道路交通法上の呼気検査などは、「供述」を得ようとするものではないので本条の対象にはならない。道交法は「事故内容」についての警察官への報告義務を定めている。これは、事故の客観的な内容についての報告を求めたものであって、刑事責任に結びつくような主体的な事故原

因まで含んではいないので合憲（判例）。

⑥刑事裁判手続きの保障

迅速な公開裁判

> 第37条　すべて刑事事件においては、被告人は、公平な裁判所の迅速な公開裁判を受ける権利を有する。

証人審問権

> 第37条2　刑事被告人は、すべての証人に対して審問する機会を充分に与えられ、又、公費で自己のために強制的手続により証人を求める権利を有する。

弁護人依頼権・国選弁護

> 第37条3　刑事被告人は、いかなる場合にも、資格を有する弁護人を依頼することができる。被告人が自らこれを依頼することができないときは、国でこれを附する。

　憲法37条は、起訴された後の「被告人」について弁護人依頼権を保障した（前段）。さらに、貧困などの理由で弁護士を付けられない場合の国選弁護制度を保障した。

　本条は、捜査段階で起訴前の「被疑者」についての国選弁護については言及してはいない。しかし2004年の法改正で国選弁護の趣旨を拡張し、あらたに「被疑者」国選弁護の制度が設けられた（刑訴法37条2）。

自白についての証拠法則

> 第38条2　強制、拷問若しくは脅迫による自白又は不当に長く抑留若しくは拘禁された後の自白は、これを証拠とすることができない。
> 3　何人も、自己に不利益な唯一の証拠が本人の自白である場合には、有罪とされ、又は刑罰を科せられない。

2項は、任意性に疑いのある自白、違法な手段で得られた自白については、証拠能力そのものを否定する趣旨であり、自白排除の法則と言われる。

3項の解釈としては、かつての最高裁判例では、公判廷の自白であるなら、裁判官の心証で真実性があると判断されれば、自白が「唯一の証拠」であっても有罪の判断ができるとしていた（最判昭42.12.21）。

しかし、刑事訴訟法319条2項は、公判廷における自白であっても、不利益な唯一の証拠である場合には有罪とされないと規定し憲法の趣旨を徹底した。

3　国民の義務

憲法典が定める「国民の義務」は、憲法保持、教育、勤労、納税の4つである。

①憲法保持義務

> 第12条（前段）　この憲法が国民に保障する権利及び自由は、国民の不断の努力によって、これを保持しなければならない。

②**教育の義務**

> 第26条2　すべて国民は、法律の定めるところにより、その保護する子女に普通教育を受けさせる義務を負ふ。

「普通教育」を子女に受けさせることが保護者の義務であることを宣言する規定であり、社会権としての子供の教育権の裏付けとなる義務である。

具体的な教育内容については、教育基本法5条2項、学校教育法21条（「普通教育の目標」）、29条（「小学校の目的」）、45条（「中学校の目的」）に規定が置かれている。

いわゆる学力テスト事件では、最高裁は「子どもの学習する権利に対応させ、そのために配慮をなすべき親が有する教育の自由を前提としている」と判示した（最大判昭和51.5.12）。

③**勤労の義務**

> 第27条　すべて国民は、勤労の権利を有し、義務を負ふ。

福祉国家であっても、勤労能力のある者は自らの責任で生活を維持すべきことが原則であり、この原則を「義務」として宣言した規定である。

④**納税の義務**

> 第30条　国民は、法律の定めるところにより、納税の義務を負ふ。

国民が主権者である以上、国政に関する費用は当然主権者が負担すべきであり、その趣旨を示す規定である。

納税は、法律の定めが必要であることを明らかにする点で、財政立憲主義の一内容ともなっている。

Column モーツァルトの「職業の自由」

「職業の自由」のために、激しく戦った史上初めての音楽家は誰か？
　そう問われたら、私は「モーツァルト」と答える。
　それ以前の音楽家の地位が、「貴族の従僕」でしかなかったことについてはすでに書いた。その地位に甘んじることなく、自らの「創造の自由」と「職業の自由」を求めて、自立した芸術家としての道を切り開こうとしゃにむに突進し続けたのがモーツァルトである。
　モーツァルトの「職業の自由」を語る前に、その父親の職業について触れておく。息子は父の職業を継ぐのが当たり前とされていた封建時代である。モーツァルトの職業を語ろうとすれば、まずは父の職業を語らなければならない。
　父レオポルトは、アウグスブルクの製本業者の息子として生まれたが、優秀であったために、ザルツブルクのベネディクト派系の大学に進学し、宗教者の道を目指す。しかし、「出席不良」が原因で中退、やがて音楽の才能が認められてザルツブルク大司教の宮廷楽団のヴァイオリン奏者として採用されると、歴史に残るバイオリンの教則本を作るなど音楽的な才能を発揮し、やがて楽長の地位まで上り詰める。レオポルトは言わば「才能がある苦労人」だった。そして、つねに雇用者である大司教の顔色を窺いながら進む慎重居士でもあったのである。
　そんなレオポルトは、誰よりも早くモーツァルトの天才を見抜く。そして自らの人生を息子の天才のために捧げることを決意する。大司教の目を盗んでは、異例な長期間の休暇を取りながら、モーツァルトを当時のヨーロッパの主要国を歴訪させ、そのそれぞれで最高の権力者に神童の天才を披露する機会を作る。マリア・テレジア一家、ルイ15世、ジョージ3世など、大国の国王の前での御前演奏を実現させる。モーツァルトが並外れた天才を持っていたとしても、父の献身的で緻密な尽力がなければなし得ない奇跡的な旅を、息子のために実現した。しかし、父がいつも気遣ったのは大司教の厳しい眼差しであった。

息子もやがて、宮廷オルガニストの職を得る。しかし、急激に成長していくモーツァルトの音楽的才能にとって、演奏の自由な機会が与えられず、豪華な食卓の饗応のために侍従や調理人と同等の扱いを受けることには、不満が高まっていった。宮廷オルガニストを一度は辞職しその後復職するなどの確執をへて、雇用主のコロレード卿との対決は深まり、最終的に訣別するのは1781年6月9日。モーツァルトは25歳になっていた。

　このときモーツァルトは、大司教の侍従長アルコ伯爵から「尻を蹴られ」て部屋から追い出される（「書簡集」1781年6月9日）。この印象的なエピソードは、映画「アマデウス」でも面白おかしく描かれていたが、冗談や笑いで済まされる話ではなかったはずだ。モーツァルトの行動は君主への反逆であり、厳罰に処せられても仕方がない所業だったはずである。

　しかし、窮地に陥るはずのモーツァルトを救うことになったのは、ウィーンに転居して5か月後に出された「農奴廃止令」だった。この勅令が、その対象者を「すべての臣民」としており、領主に対する奴婢的な隷属を否定する内容を持っているからである。さらにその第2には、「職業選択の自由」と「移住の自由」そして「定住の自由」が、明瞭にかつ詳細に記載されている。

　臣従令の内容は、ウィーンで音楽の新天地を開こうとするモーツァルトにとって、きわめて頼りになるありがたい内容であったことは間違いない。

第11講　国会

1　三権分立

　近代憲法の内容は、基本的人権に関する「人権」規定と、立法、行政、司法などの国や地方の組織に関する規定を定めた「統治機構」に関する規定の2つに分けられる。

　近代憲法のもっとも基礎となる原理は「立憲主義」である。

　立憲主義とは、「憲法を中心にして世の中を組み立てていく」ことであり、その根本は、「国民の意思によって権力を縛る」ことにある。この考え方が統治組織の原理に反映し、「三権分立」の基本的な考え方をもたらす。

　三権分立（＝権力分立）論は、権力の暴走を抑制するために、**統治機構の内部に相互抑制の緊張関係を置く考え方**で、権力の暴走を防ぎ、権力の乱用から人民の権利を守ろうと意図している。「三権」とは、立法、行政、司法のこと。

　三権分立は、モンテスキューが「法の精神」（1784）で主張し、フランス人権宣言（1789）の第16条で、「権利の保障が確保されず、権力の分立が定められていないすべての社会は憲法を持たない」と規定されて以来、諸国の憲法の基本的な原理となっている。日本国憲法の諸規定もこの原則に従っている。

国民　対　三権
①国民→国会：選挙によって国会議員を選任
②国民→内閣：世論による影響力行使及び国政選挙を通じて内閣の構成に影響力行使
③国民→裁判所：最高裁判所の裁判官に対する国民審査（79条）

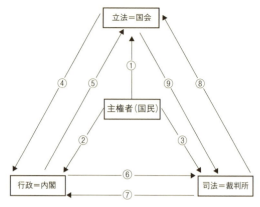
図　三権分立に関連する日本国憲法の各規定

立法　対　行政

④国会→内閣：内閣総理大臣の指名権（67条1項）と内閣不信任決議（69条）

⑤内閣→国会：衆議院の解散（69条及び7条3項の解釈）と臨時国会の召集（53条）

行政　対　司法

⑥内閣→裁判所：最高裁判所長官の指名（6条2項）
長官を除く最高裁判所の裁判官及び下級裁判所裁判官の任命（79条1項、80条1項）

⑦裁判所→内閣：政令、省令、処分に対する違憲審査権（81条）
行政訴訟の終審裁判所

司法　対　立法

⑧裁判所→国会：違憲立法審査（81条）

⑨国会→裁判所：弾劾裁判所の設置（64条）

2　国会

①国会の地位

憲法41条は「国会は国権の**最高機関**であって、国の唯一の**立法機関**

である」と規定している。

　立法、司法、行政の三つの統治機関をそれぞれ相互抑制するのが三権分立の基本的考え方である。したがって、「最高機関」と言っても、国会が行政・司法に対して具体的な統制権を持つことを認めたわけではない。

②**権能**
　憲法は国会に「国権の最高機関」と呼ばれるにふさわしい(1)～(6)の権能を持たせている。
　(1)憲法改正の発議権
　憲法改正は、各議院の総議員の3分の2以上の賛成で、国会がこれを発議し、国民に提案して、その承認を得なければならない（96条1項）。
　(2)立法権
　「国会は、国の唯一の立法機関」と憲法が規定している具体的な意味は、「国会中心立法の原則」（国会が国の立法権を独占すること）と、「国会単独立法の原則」（国会手続きのみで国の立法が完成すること）である（ただし、三権分立の原則、地方自治の本旨との関連で、憲法上の例外が置かれている）。
　(3)条約締結の承認権
　外交関係を処理し（73条2）、条約を締結すること（73条3）は、内閣の権能である。しかし、条約の締結については、「**事前・事後に国会の承認を経ることを必要とする**」（同条3号但書）と規定して、最高機関としての国会の民主的なコントロールの下に置かれるように定めた。
　(4)財政統制権
　憲法は財政立憲主義を採用し、「**国の財政を処理する権限は、国会の議決に基づいて行使しなければならない**」と規定した（83条）。課税、財政支出など、国有財産の管理の全般に国会の議決を必要とするのが原則である。
　(5)行政統制権
　行政権は内閣に属するが、「法律による行政」の原則、**内閣総理大臣**

の国会による指名、衆議院の内閣不信任決議、個々の大臣に対する不信任決議、省庁に対応する常任委員会など、行政全般に対する国会による民主的統制の諸制度が存在する。

(6)司法監督権

立憲主義は、司法の独立を要求する。そのため、国会は、行政に対するほどの強い統制権を司法権に対しては与えられていない。しかし、明らかな非違のある裁判官の罷免手続きについては、**両議院の議員で組織する弾劾裁判所制度**を設けている（64条）。

③両院制（二院制）

両院制の意義

憲法42条は、「国会は、衆議院及び参議院の両議院でこれを構成する」と規定した。したがって、一院制にするのには憲法改正が必要となる。さらに、**議員の両院兼務を禁止**し（48条）、両院制を強化した。

両院制の意義は、国会の審議・決定を慎重にし、多数の暴走を抑制することにある。しかし選挙の結果、衆参の多数派が異なることとなり、決定に時間がかかって国政の停滞が生ずることもある。これに配慮して憲法は様々な衆議院優越の規定を置いた。わが国は「一院制型の両院制」であるとする学説もある。

衆議院の優越

「法律案」については、衆議院による「3分の2」の再議決の規定が置かれている（59条2項、4項）。ちなみに衆で法案が可決、参に送付され60日たっても議決しないと、衆は参が否決したものとみなし、そのうえで3分の2以上の賛成で再議決されれば、法案は成立する。「みなし否決後の再議決」と言われる。

「予算」「条約」「内閣総理大臣の指名」については、衆議院が決定した後に参議委に送付されても、一定期間内に参議院が決定しなければ、衆の決定通りとされるいわゆる自然成立の規定がある。「予算」と「条約」は30日（60条2項、61条）、「総理大臣の指名」は10日である（67条2項）。

その他、衆議院にのみに認められている権限としては、衆議院の予算先議権（60条1項）、衆議院の内閣不信任決議（69条）がある。

国会議員の選挙

衆議院と参議院の選挙について憲法が定めているのは、「全国民を代表とする」「選挙された」議員で組織すること（43条）、選挙権・被選挙権は「法律で定める」こと、および「平等」の保障（44条）、衆議院議員の任期（45条）、参議院議員の任期（46条）、「選挙区、投票の方法など国会議員の選挙に関する事項は法律で定める」（選挙事項法定主義）こと（47条）などである。

再三にわたる選挙制度改正により、衆参の選挙制度を統一的に理解することはなかなか難しくなっている。

	衆議院（小選挙区比例代表並立制） 475人	参議院 242人
議員定数	小選挙区 295人 比例区（全国11ブロック）180人	選挙区 146人 比例区（全国単位 非拘束名簿）96人
任期	4年（解散あり）	6年（解散なし）（3年ごと半数改選）
選挙権	2016年6月から18歳以上	〃
被選挙権	満25歳以上の男女	満30歳以上の男女
合区を含む参議院選挙区の定数是正（平成27年改正） 〈増員区〉北海道4人→6人　東京都10人→12人　愛知県6人→8人　福岡県4人→6人 〈減員区〉宮城県4人→2人　新潟県4人→2人　長野県4人→2人 〈合区〉　島根県及び鳥取県2人　徳島県及び高知県2人			

④議員の特権

国民の代表としての自由な議員活動が公権力からの逮捕やさまざまな威嚇から妨げられないよう、憲法は国会議員に対して、**不逮捕特権**（50条）、**発言表決についての免責特権**（51条）、**歳費受領権**（49条）の3つの特権を認めている。

⑤議院自律権と国政調査権

国会を構成する両院が、各議院の意思に従って自主的かつ自律した職権行使が行えるよう、両議院に対して認められた権限が議院自律権であ

り、**議院規則制定権**と**議員に対する懲罰権**の2つがある（58条）。

　各議院には国政調査権が与えられており、国政に関する資料や事実について強制的な調査権を認められている（62条）。同条は、調査手段として**証人の出頭及び証言**と**書類の提出**を例示しているが、これに限定する趣旨ではない。

　国政調査の具体的な手段としては、議院証言法による**証人喚問**や、国会法に基づいて行われる**内閣や官公署に対する報告・記録請求**などがある（国会法）。

　国政調査も、三権分立の原則からの限界がある。たとえば、公判継続中についての事件に対する調査は原則的には行えない。司法権の権限を侵すことになるからである。

⑥会期

　国会は一定の期間のみ開かれ、国会はその期間内に限って権能を有する。この期間を会期という。憲法も、「**常会は毎年1回召集する**」（52条）と規定し「会期」制度を前提にしている。

　このため、**会期中に議決に至らなかった議案は、原則として廃案となる**（国会法47条1項）。このことを「**会期不継続の原則**」という。そして、次の会期に議案を継続するためには、議案が付託されている議院による「閉会中継続審査」の決議が必要とされる（国会法68条）。このため与野党が厳しく対立する対決法案については、会期末において国会が「日程闘争」の場に陥っているといった批判がある。

　諸外国においては、下院の任期中は連続する一体の「立法期」（または議会期・選挙期）と考えて、会期不継続の原則を採用しない国も多い（米、独、仏。英国は日本と同様）。会議促進を望む与党は会期制度を変えようとし、また逆に野党はその存続に固執する。国会改革の論点のひとつである。

　議院の意思決定は、所属議員の全員出席による本会議を経て行われる。憲法は、本会議の定足数（総議員の3分の1）、可決要件（出席議員の過半数、以上56条）、会議の公開、秘密会などの本会議関係の規定を

会期の種類

国会の種類	召集の態様	主な案件	会　期	延長（許される回数）
常会（通常国会）52条	「毎年1回」 52条	予算・関連法律の審議	150日（国会法10条）	1回のみ
臨時会（臨時国会）53条	内閣の召集または各院の総議員の4分の1の要求※1	臨時の議案審議		2回まで（法11、12条）
特別会（特別国会）54条	衆の総選挙後30日以内	内閣総理大臣の指名		2回まで
参議院の緊急集会 54条 ※2	衆解散中、緊急の必要性	緊急の議案		

※1　臨時国会の召集は、法案審議が滞りがちの国会では、なかば常態化している。
※2　衆が解散された場合は参も同時閉会となる原則（54条2項　同時活動の原則）。

置いた（57条）。

　さらに国会法は、常任委員会や特別委員会の規定を定め、多くの国会活動の原則をまず委員会に付託し、そこで審議を経て可決したうえで本会議に上程することを原則とした。これを委員会中心主義という。

　常任委員会は、各議院に常設されている委員会であり、中央省庁の所管に対応した個別のものと、予算、決算、議会運営などの特有の機能に対応したものとがある。特別委員会は常設ではなく、会期ごとに議院の決定により設置される委員会である。

第12講　行政

1　内閣

①内閣とは？

> 第65条　行政権は、**内閣**に属する。

　国家がある限り、必ず行政機関は存在する。「行政」の意義については諸説あるが、国家のうち、立法及び司法に属するものを除いたすべての作用が行政作用とするのが通説である（控除説）。したがってこの65条の趣旨は、広範多様な行政組織の全体的な統括者としての地位を「内閣」に認めたことと解釈される。

②組織

> 第66条　内閣は、法律の定めるところにより、その**首長**たる内閣総理大臣及びその他の国務大臣でこれを組織する。

　66条1項は、内閣総理大臣に「内閣の首長」としての地位を与えた。その趣旨は、明治憲法の合議制的な性格を改めて、総理大臣が「組織者・主宰者・代表者」である独任制的な機関に改めることにある。
　内閣の首長としての内閣総理大臣には、強い権限が与えられる。それは内閣を組織する権能であり、①国務大臣の任命権（68条1項本文）、②国務大臣の罷免権（68条2項）、③総理大臣が欠ければ内閣は総辞職（70条）などである。
　各大臣が同格だった明治憲法時代には、閣内不一致を理由とする内閣

総辞職の例が何度かあった。現憲法では、内閣総理大臣の①②の権限が認められたことにより、このような事態は起こり得なくなった。

総理大臣には、内閣の主宰者・代表者としての地位も与えられる。内閣を代表して国会に議案を提出し、国会に報告し、行政各部の指揮監督を行ったり（72条）、法律および政令について、主任の大臣の署名とともに連署する（74条）などである。

総理と大臣の資格要件は、2つある。

①内閣総理大臣および国務大臣の過半数は国会議員でなければならない（67条、68条1項但書）。

議院内閣制の要請からの規定。大臣の数は、内閣法で総理を除いて「14人以内、3人までの増員可」となっているが、2012年の復興庁設置法によって「15人以内、18人まで」と増員され、さらに2015年の東京オリンピック特例法により「16人以内、19人まで」と増員されている。

②内閣総理大臣と国務大臣は文民でなければならない（66条2項）。
「文民」とは、国の武力組織の中に職業上の地位を占めていない者と解釈される。平和主義に基づく文民統制（シビリアンコントロール）の要請であり、憲法制定議会における貴族院での修正により盛り込まれた。

③権能

(1)天皇の国事行為について「助言と承認」を行う（3条）。

(2)内閣は一般行政事務のほか、主に以下の仕事を行う（73条）。

法律の誠実な執行と国務の総理（一号）

「誠実な執行」とは、国会の定めた法律に対し批判的な立場をとり、その執行を怠ることを許さない趣旨。「国務の総理」とは、国務の全般があるべき姿をとるよう調整的な配慮を行うこと。内閣による法律案の提出も、この権限から認められている。

外交関係の処理（二号）

外交関係を処理することは内閣の権限である。

条約の締結（三号）

国会の承認は「事前」であることが原則。ただし国家間の取り決めであり、事前に承認を得ることができない場合には、「事後」でもよいとされる。その判断は内閣が行う。

官吏に関する事務の掌理（四号）
「官吏」には、地方自治の本旨に反しない限り、地方公務員も含まれる。

予算の作成および国会への提出（五号）
提出は「国会」に対してだが、衆議院から先議される。

政令の制定（六号）
憲法および法律の規定を実施するために、内閣が制定する実施細則が政令である。法律の委任がある場合に限って政令に罰則を設けることができる。政令の下に、所管の各省がさだめる「省令」が置かれる場合が多い。

大赦、特赦、減刑、刑の執行の免除、復権の決定（七号）
上記の5つをまとめて「恩赦」という。平成になってからは、昭和天皇の大喪の礼、皇太子殿下（現天皇）の即位の礼、徳仁皇太子殿下のご成婚の儀に際し行われている。

(3)その他の権能
最高裁判所長官の指名（6条）、国会の臨時会の招集決定（53条）、参議院緊急集会の請求（54条）、長官を除く最高裁判所裁判官の任命（79条）、下級裁判所の裁判官の任命（80条）、予備費の支出（87条）、国会への決算提出（90条）

④議院内閣制
憲法66条3項は、「内閣は、行政権の行使について、国会に対し連帯して責任を負う」と規定し、行政府と立法府が相互に協力連携する統治の仕組みを規定した。これが議院内閣制である。
憲法が定めた議院内閣制に関連する具体的な規定は以下のとおり。
・「内閣総理大臣」「国務大臣の過半数」は国会議員でなければならない（67条、68条1項但書）。
・行政権の行使についての国会に対する連帯責任（66条3項）。

・衆議院によって内閣不信任が可決されたときは、衆議院を解散するか、総辞職しなければならない（69条）。
・閣僚の議院出席の権利と義務（63条）。

　本来、議院内閣制は、立法府と行政府の「相互の協力・連携」を目指すものであるはずだ。しかし、憲法7条三号の解釈（内閣は自らの政治判断でいつでも衆議院を解散できる）が確定した状況では、内閣は事実上、衆議院議員の全員に対する議席はく奪の権限を持つことになり、立法府に対して圧倒的に優位に立っているのが実態である。

⑤権能行使の態様

　憲法には規定がないが、内閣の権能を行使する基本的な手続きは「閣議」である（内閣法4条1項）。閣議は各大臣が参集して行う会議のことであり、総理大臣が「主宰」する（同条2項）。

2　財政

　国家の運営には、当然膨大な国費の支出を伴う。財源の獲得から支出まで、国の運営に立憲主義の趣旨を確立するためには、中世的な「王の財政」を脱却して、「国民の、国民による、国民のための財政」の諸原則を明らかにすることが不可欠となる。これを**財政立憲主義**といい、憲法は第7章にこれを規定した。

①国会中心財政主義

> 第83条　国の財政を処理する権限は、国会の議決に基いて、これを行使しなければならない。

　この趣旨は、国の財政のみならず地方公共団体の財政にも及ぶ。国会中心財政主義は財政全般に通じる基本原則であり、ここから租税法律主義をはじめとするさまざまな原則が派生する。

②租税法律主義

> 第84条　あらたに租税を課し、又は現行の租税を変更するには、法律又は法律の定める条件によることを必要とする。

　租税の新設及び税制の変更は、法律の形式によって、国会の議決を要するとする原則。税の徴収手続きなどの課税手続きにもこの原則は及ぶ。さらに、課税のみならず、国民の自由な意志に基づかずに定められ徴収されるもの、たとえば特許料などの課徴金などにも及ぶ。

③国費支出・債務負担行為の議決

> 第85条　国費を支出し、又は国が債務を負担するには、国会の議決に基くことを必要とする。

　国費の支出とは、国の各般の需要を満たすための現金の支払いのことであり、支出の権限を与える各別の法律が存在することが前提である。国費の支出についての国会の議決は「**予算**」の形式によってなされる。
　国の債務負担とは、歳出予算による支出や、個別の法律に基づく支出以外のものであり、国会の議決によって認められた私企業との契約に基づく債務のことをいう。外国人雇い入れ契約や、土地建物賃貸契約などがこれに属する。

④憲法89条の制限

> 第89条　公金その他の公の財産は、宗教上の組織若しくは団体の使用、便益若しくは維持のため、又は公の支配に属しない慈善、教育若しくは博愛の事業に対し、これを支出し、又はその利用に供してはならない。

前段は、政教分離の原則に基づく規定である。特定宗教を優遇する目的で行う「使用、便益、維持」などの措置を排除する趣旨である。

後段は、財政的援助にからんで諸種の公私混同を防止するのが目的である。これに関し、学校法人等の経常的経費への助成措置が問題とされるが、安易な財政的支出を防止するための具体的措置が講じられている限り、違憲とは言えないとするのが通説である。

⑤予算の議決

> 第86条　内閣は、毎会計年度の予算を作成し、国会に提出して、その審議を受け議決を経なければならない。

予算とは、一会計年度における国の財政行為の準則であり、内閣が「作成」し、国会の議決によって「成立」する国法の一形式である。単なる見積表ではなく、政府の行為を規律する法規範である。

予算は「予算総則」「歳入歳出予算」「継続費」「繰越明許費」「国庫債務負担行為」からなる（財政法16条）。また、国会中心財政主義の原則の結果として、国会の減額修正のみならず増額修正も認められている。

予算は一会計年度ごとの内閣の財政行為を規律するものであり、毎年の会計年度が開始する4月1日前に成立するのが望ましい。しかし、政治状況によって会計年度前に成立しない場合もあり、そのため財政法30条1項は「**暫定予算**」の制度を設けている。

予算作成後に生じた事由に基づき予算の追加変更を行うことが必要とされる場合もある。そのため財政法は「**補正予算**」の制度を設けている。

⑥予備費制度

> 第87条　予見し難い予算の不足に充てるため、国会の議決に基いて予備費を設け、内閣の責任でこれを支出することができる。

> 2　すべて予備費の支出については、内閣は、事後に国会の承諾を得なければならない。

　予備費とは、「予定外の支出」および「予算を超過する支出」へ準備するために用意しておく費用のこと。

⑦決算の審査

> 第90条　国の収入支出の決算は、すべて毎年会計検査院がこれを検査し、内閣は、次の年度に、その検査報告とともに、これを国会に提出しなければならない。
> 2　会計検査院の組織及び権限は、法律でこれを定める。

　決算とは、会計期間の経過後、財務の実績を表示するために作られる計算書のことである。
　決算は、まず会計検査院によって検査され、次の年度に検査報告とともに国会に提出される。会計検査院は職務の性質上、内閣に対して独立の地位を有し（会計検査院法1条）、3人の検査官と事務総局で組織される。提出は各院別個になされ、「両院交渉の案件」とはされていない。「承認」または「留保つき承認」の決定がなされるのが常である。

⑧財政状況の報告

> 第91条　内閣は、国会及び国民に対し、定期に、少くとも毎年一回、国の財政状況について報告しなければならない。

　財政立憲主義および国会中心財政主義の要請するところであり、予算、決算等の報告義務が課されている（財政法46条1項）。同条2項はさらに、少なくとも「毎四半期」ごとに、予算使用や国庫の状況、その他財政の状況についての報告を義務付けている。

第13講　司法・地方自治

1　司法

①司法組織

> 第76条　すべて司法権は、最高裁判所及び法律の定めるところにより設置する下級裁判所に属する。
> 2　特別裁判所は、これを設置することができない。行政機関は、終審として裁判を行ふことができない。

　司法とは、具体的な争訟について、法令を適用して、権利義務または法律関係を確定する作用のことをいう。

　憲法76条は、司法権は、最高裁判所のみならず「下級裁判所」にも帰属することを明記している。その趣旨は、最高裁判所も下級裁判所もおなじく司法作用を行い、司法権の行使にあたっては下級裁判所も独立であることを明らかにしたものと解釈される。憲法65条は内閣に、行政組織の全体的な統括者としての地位を認めているが、最高裁判所はこのような地位には置かれない。

　下級裁判所は、**高等裁判所**、**地方裁判所**、**家庭裁判所**、**簡易裁判所**の4種類がある（裁判所法2条1項）。

　高等裁判所は札幌、仙台、東京、名古屋、大阪、広島、高松、福岡の8か所。地方裁判所、家庭裁判所、簡易裁判所はいずれかの高裁の所管となる。

　地方裁判所は通常の訴訟の第1審裁判所。各都道府県庁所在地並びに函館市、旭川市及び釧路市の合計50市に本庁が置かれ、各支部もある。

　家庭裁判所は家事事件と少年事件の審判や調停を行う裁判所。地裁と

おなじく50市に本庁が置かれ、各支部もある。

簡易裁判所は請求金額が140万円以下の民事事件、罰金刑に該当する刑事事件など、比較的軽微な事件を主に担当する裁判所で、全国に438庁。

「特別裁判所」とは、通常裁判所の系列に属さない裁判所のことを意味する（特別の「管轄」※を持つ裁判所のことではない）。したがって、2項全体の趣旨から、行政機関も最高裁判所・下級裁判所の系列に属しており、かつ終審としてでなければ、裁判を行うことができると解釈される（例：公正取引委員会の審判）。

※「管轄」：どの裁判所に事件を配属させたらよいのかを決める規定のこと。土地管轄、事物管轄、職分管轄などがある。

②三審制

三審制とは、3段階の審級を設けて、不服があれば**同一の事件の審判を3回行うことのできる制度**のことである。裁判所法は、**第一審→控訴審→上告審**の3段階の審級制度を定めている。

一般の民事事件や刑事事件は、これに対応して地裁→高裁→最高裁の上訴手続きが行われるが、訴訟の内容や対象によって上訴審も異なる。

事件の種類	第一審	控訴審	上告審
一般の民事事件や刑事事件	地裁	高裁	最高裁
少額訴訟（140万円以下）	簡裁	地裁	高裁
家事審判や少年事件	家裁	高裁	最高裁
住居侵入などの微罪事件	簡裁	高裁	最高裁

ただ、すべての事件についての不服申し立てが最高裁判所に認められているわけではない。憲法に関する疑義のある事件に限って、最高裁判所を「終審裁判所」とする道が認められていればよいと解釈されている。

③最高裁判所

> 第6条2　天皇は、内閣の指名に基いて、最高裁判所の長たる裁判官を任命する。
> 第79条　最高裁判所は、その長たる裁判官及び法律の定める員数のその他の裁判官でこれを構成し、その長たる裁判官以外の裁判官は、内閣でこれを任命する。
> 5　最高裁判所の裁判官は、法律の定める年齢に達した時に退官する。

構成
長官以外の人数は14名（裁判所法5条）。したがって最高裁判所は15名の裁判官で構成されている。年齢40歳以上、判事10年、法律職20年以上の経験などの要件がある。退官定年は満70歳。

最高裁の裁判官に対する国民審査
最高裁の判事に対しては憲法上国民審査の規定が置かれている。その手続きは、罷免を可とする裁判官に「×」を付けることで行われる。国民審査は、任命後初めて行われる衆議院議員総選挙の際にまず行われ、その後も10年ごとの衆議院議員総選挙の際に行われる。そして、投票者の多数が裁判官の罷免を可とするときは、その裁判官は罷免される（憲法79条2項、3項）。

最高裁の審判の方法
最高裁の審理は「大法廷」か「小法廷」で行われる。大法廷は15人全員、小法廷は3名から5名である。
　大法廷で必ず審判が行われなければならないのは、①初めて憲法判断を行うとき、②違憲判断を行うとき、③いままでの判例を変更するとき、の3つの場合である（法10条）。

④下級裁判所

> 第80条　下級裁判所の裁判官は、最高裁判所の指名した者の名簿

> によつて、内閣でこれを任命する。その裁判官は、任期を10年とし、再任されることができる。但し、法律の定める年齢に達した時には退官する。

　最高裁判所は下級裁判所の裁判官に対する指名権を持ち、これは任命権者である内閣を拘束する。
　判事の退官定年は満65年。簡裁判事は70年（法50条）。

⑤司法権の独立
　法の支配を完全にするためにも、また裁判の公正を担保するためにも、裁判機関の独立性が保障されなければならない。このために「裁判官の独立」と「裁判所の独立」について憲法の規定が置かれている。

裁判官の独立

> 第76条3　すべて裁判官は、その良心に従ひ独立してその職権を行ひ、この憲法及び法律にのみ拘束される。

　「良心」とは、個人としての主観的な良心ではなく、裁判官の職責が倫理的に要求する「良心」のことである。
　「独立」してとは、司法判断について、上級裁判所からの指示に拘束されないという意味。司法行政上の監督については、この限りではない。
　この独立をさらに確保するために以下の身分保障の規定が置かれている。

> 第78条　裁判官は、裁判により、心身の故障のために職務を執ることができないと決定された場合を除いては、公の弾劾によらなければ罷免されない。裁判官の懲戒処分は、行政機関がこれを行うことはできない。

「心身の故障」は「回復困難なもの」でなければならない。そして、「職務を執ることができない」との判断は、裁判所の申し立てにより行われ、その手続きは最高裁または高裁の「裁判」の手続きが必要である。また、懲戒処分も、裁判の手続きを経て行うこととされている（裁判官分限法）。

「公の弾劾」は憲法64条で国会の権限とされ、その手続きは「法律」でこれを定めなければならない。これにあたるのが**裁判官弾劾法**である。同法は、「職務上の義務に著しく違反または職務怠慢」と「裁判官としての威信を著しく失う非行」の2つを罷免事由として定めている。その手続きは、衆参各10名からなる20人の訴追委員会からの訴追を受け、衆参各7名からなる弾劾裁判所の弾劾裁判により行われる。

このほか憲法は、裁判官の独立を保障するための報酬の保障（79条6項、80条2項）や、裁判所法は、意に反する転官・転所・職務停止を禁じている（法48条）。

裁判所の独立

> 第77条　最高裁判所は、訴訟に関する手続、弁護士、裁判所の内部規律及び司法事務処理に関する事項について、規則を定める権限を有する。
> 2　検察官は、最高裁判所の定める規則に従わなければならない。
> 3　最高裁判所は、下級裁判所に関する規則を定める権限を、下級裁判所に委任することができる。

裁判所が他の国家機関の影響を受けずに独立して職権を行使するために、憲法は裁判所に規則制定権を認めている。裁判所の内部規律や司法事務処理などについての裁判所規則は、法律に優位する効力を持つ。

⑥裁判所の権能

紛争の解決（＝裁判所の本来的な機能）

「紛争の解決」とは、「具体的な争い」に対し、法令を適用して終局的

に解決すること。「具体的な争い」とは、**当事者間で権利義務や法律関係をめぐる具体的な紛争が存在**し、これに対して**法律を適用して解決**すること、を意味する。したがって、法律に関係のない紛争や、法律を適用しても解決の可能性がない紛争については、裁判の対象にはならない（例：宗教上の教義問答など）。

　裁判は、**証拠に基づく事実の認定**と**認定された事実に対する法の適用**という二段階の過程を経て行われる。このうち事実認定は法適用の前提であり、本来的な司法の作用は「法の適用」である。したがって、「公判陪審制」や「行政審判」の制度は、事実認定をそれぞれ「陪審員の評議」や「行政機関の審判」で行うが、法の適用段階における裁判所の審査権は確保されているので、司法権を侵害することにはならない。

　こういった司法の本来的な性格には、以下のような限界がある。

- 外国政府の行為が国際法違反かどうか→日本国に判断する権限は存在しない→（国家主権からの限界）
- 議院運営や閣議の方法→憲法上の三権分立で立法・行政の自律権が認められている→（権力分立の原則からの限界）
- 衆議院解散の是非などの重大な政治問題→高度の政治性を持つ→（民主主義政治への配慮：「統治行為論」）
- 法的判断の結果が公共の福祉に重大な影響→議員定数の不均衡をもたらす公選法の規定は違憲だが、選挙自体の効力は維持。

違憲審査権・違憲立法審査権

　立憲主義および三権分立の原則から認められる権能。具体的な国家行為の合憲性を審査することであり、とくに「法令」について違憲性の判断をする権限は違憲立法審査権と言われる。

> 第81条　最高裁判所は、一切の法律、命令、規則又は処分が憲法に適合するかしないかを決定する権限を有する終審裁判所である。

　この規定は、アメリカで確立している司法審査制を採用したものとさ

れ、具体的事件に関連して合憲性を判断する権限と解釈されている。したがって、違憲審査の前提として「具体的事件性」が必要となる。

諸外国には、具体的な事件がなくても法令の憲法判断を行う「憲法裁判所」を認めた国も存在する（独、仏、伊、墺、西、韓国、タイ、ロシア、台湾など）。

憲法76条の趣旨から、下級裁判所も最高裁と同様に違憲審査権を持つと解されている。裁判所が法令違憲の判断をした場合に、その法令自体が無効になるかについて、多数説は、司法権の「具体的事件を前提」にした判断を行う性格からいって、当該の事件の処理に関してのみ法令の適用が拒否されるにすぎないとしている。

⑦裁判公開の原則

裁判の対審及び判決は公開の法廷で行わなければならない（81条1項）。また「対審」については、公序良俗の維持といった観点から裁判官全員一致で非公開とすることがあり、さらに政治犯罪、出版犯罪または憲法の保障する基本的人権がからむ事件についての対審は絶対的に公開としている（82条2項）。

2　地方自治

①総説

> 第92条　地方公共団体の組織及び運営に関する事項は、地方自治の本旨に基いて、法律でこれを定める。

近代国家は、封建制勢力を打破しながら成立したので、まずは中央政府の支配を強化することに力を注ぐことになった。しかし、やがて中央集権体制の弊害も生じてきた。たとえば、住民の身近な課題まで中央が決定することによる非能率性や、官僚制度の肥大化による行政コストの増大などである。

これらの弊害をさけるため、国の主権と両立する限度で地域的な支配団体の存立を認め、それに自治権を認める制度が登場する。これが「地方自治の本旨」であり、地方自治制度はその趣旨に基づいている。

地方自治の本旨は、2つの要件からなる。すなわち「**団体自治**」と「**住民自治**」である。

団体自治は、地域的な支配団体、すなわち地方公共団体が一定の地域の自治権を持つことであり、住民自治は、その地域の支配の意思を、直接または間接に地域住民が決定することである。

憲法92条にいう「法律」とは、地方自治法である。同法は、普通地方公共団体と特別地方公共団体の2つの地方公共団体について規定した。

普通地方公共団体：市町村、都道府県
特別地方公共団体：特別区（都の区）、地方公共団体の組合、財産区、地方開発事業団

②地方公共団体の権能

> 第94条　地方公共団体は、その財産を管理し、事務を処理し、及び行政を執行する権能を有し、法律の範囲内で条例を制定することができる。

憲法94条の規定する4つの権能（「財産管理」「事務処理」「行政執行」「条例制定」）をすべて持っているのが、地方自治法の普通地方公共団体である。これらは一般に「地方自治体」と言われる。

なお、市町村と都道府県のいわゆる「二層構造」は憲法事項ではない。「地方自治の本旨」に合致する限り、国会の判断で別の制度（たとえば「道州制」）を考えても違憲ではない。

地方自治体が処理する「事務」には、「自治事務」と「法定受託事務」がある（地方自治法2条）。

「**自治事務**」とは、地方公共団体が処理する事務のうち「法定受託事務」を除いたもののことである（例：都市計画決定、病院開設、飲食店

の営業許可)。

「**法定受託事務**」とは、国が本来果たすべき役割にかかわる事務であり、国においてその適正な処理を特に確保する必要があるものである（例：国道管理、旅券交付、国政選挙にかかわる事務)。

一般的に、市町村は「基礎的な地方公共団体」（基礎自治体）、都道府県は「市町村を包括する広域的な地方公共団体」（広域自治体）という基本的な性格を与えられており、それぞれの基本性格にふさわしい事務を分任すべきものとされている。

地方自治体は、「法律の範囲内」で条例を制定することができる。したがって条例は、その形式的効力については、法律のみならず政令、省令よりも下位に置かれる。しかしその所管については法令の実施に限定されない。

法14条3項は、条例中に、違反者に対する罰則の制定することを認めている。判例は、罰則の制定については、原則としては法律の具体的な委任が必要であるとしつつ、条例が住民自治の結果としての地方議会の決定であることを考慮して、「罰則の内容が相当具体的」であるなら、条例によって罰則を制定することは許されるとした。

③地方公共団体の組織

住民：間接的な参政権として知事、市長村長および地方議会議員に対する選挙権、議会への解散請求権、議員・首長への解職請求権を持ち、直接的な参政権として、条例の制定改廃請求権や事務の監査請求権を持つ。

議会：法律の定めにより議事機関として議会が置かれる（92条3項）。地方自治体の首長は、住民の直接選挙で選任される（93条2項）。東京都の特別区の区長については、共同体の社会的基盤が存在するとして、1975年以来公選で選ばれるようになった（政令指定市の区長は市長の選任による)。

第14講　憲法と音楽文化

1　音楽文化に関係する法律

音楽振興法（1994年）、**文化芸術振興基本法**（2001年）、**劇場、音楽堂等法**（2012年）の3法は、わが国の音楽文化に密接に関連する法律である。いずれも超党派の議員連盟（旧音楽議員連盟、現文化芸術振興議連）によって議員提案された法律である。

音議連（現文化芸術振興議連）は、自民党から共産党までの主要会派を横断する議員連盟。「文化は政争の具にすべからず」の信念に基づき結成された。

音楽大学の学生にとって最も身近な法律として、その主な概要を説明しておきたい。

①音楽振興法（平成6年11月25日法律第107号）

「音楽文化の振興のための学習環境の整備等に関する法律」（略称「音楽振興法」）は、1994（平成6）年に制定された。それまでは、音楽関係についての一般的な法律は存在しなかったため、画期的な意味を持った。

法律の目的

「音楽文化が明るく豊かな国民生活の形成並びに国際相互理解及び国際文化交流の促進に大きく資することにかんがみ、生涯学習の一環として音楽学習に係る環境の整備に関する施策の基本等について定めることにより、我が国の音楽文化の振興を図り、もって世界文化の進歩及び国際平和に寄与することを目的とする。」（1条）

国及び地方公共団体の責務

「音楽文化の振興のための学習環境の整備を行うに当たっては（略）自

主的にその個性に応じて音楽学習を行うことができるような諸条件の体系的な整備に努めるものとする。」（3条）

国際音楽の日

国民の間に広く音楽についての関心と理解を深め、積極的に音楽学習を行う意欲を高揚するとともに、国際連合教育科学文化機関憲章（昭和26年条約第4号）の精神にのっとり音楽を通じた国際相互理解の促進に資する活動が行われるようにするため、国際音楽の日（10月1日）を設ける（7条）。音楽家ユーディ・メニューインの提案がベースになったと言われている。

②文化芸術振興基本法（平成13年12月7日法律第148号）

文化立国と言いながら、文化政策の基本法は、長期間にわたってわが国に存在しなかった。初めて登場した、文化政策の基本を明示した法律。

法律の目的

文化芸術の振興についての基本理念を明らかにしてその方向を示し、文化芸術の振興に関する施策を総合的に推進する。

法律の主な内容

(1)文化芸術の振興に関し基本理念を定め、国及び地方公共団体の責務を明らかにする。
(2)8項目の基本理念：①文化芸術活動を行う者の自主性や創造性の尊重、②国民の文化芸術の鑑賞・参加・創造のための環境の整備、③わが国の文化芸術の発展、④世界の文化芸術の発展、⑤多様な文化芸術の保護及び発展、⑥各地域の特色ある文化芸術の発展、⑦文化芸術に係る国際的な交流・貢献の推進、⑧国民の意見の反映
(3)文化芸術の振興に関する施策を総合的に策定し、実施する国及び地方の責務を明らかにした。また、地方公共団体は、国との連携を図りつつ、地域の特性に応じた施策を策定し実施すると定めた。
(4)政府は、文化芸術の振興に関する基本的な方針を定める。

③劇場、音楽堂等の活性化に関する法律（平成24年6月27日法律第49号）

バブル期を頂点にして、全国各地に文化関係の施設が作られ、その数は現在3000を上回る状況となっている。しかし、その内実を見ると、企画力不足や舞台を支えるスタッフの層の薄さなど、様々な弱点が見受けられる。

この法律は、「ハコ物」文化行政を脱却し、文化関係施設の機能を、人材の養成を中心にした文化創造の拠点として活性化していくことを目的としたもの。実演芸術の概念を初めて打ち出し、文化活動の出発点に「実演芸術」を位置付けたことも画期的である。

趣旨

我が国の劇場や音楽堂、文化会館、文化ホール等に係る現状や課題を踏まえ、文化芸術振興基本法の基本理念にのっとり、劇場、音楽堂等の活性化を図ることにより、我が国の実演芸術の水準の向上等を通じて実演芸術の振興を図り、もって心豊かな国民生活及び活力ある地域社会の実現等に寄与する。

我が国における劇場、音楽堂等としての機能を有している施設の多くは、文化会館や文化ホールといった文化施設であり、また多目的に利用される場合が多い。これら文化施設における文化芸術活動は、多くの場合、貸館公演が中心となっている。

現状では、文化施設の劇場、音楽堂等としての機能が十分に発揮されていない、実演芸術団体の活動拠点が大都市圏に集中しており、相対的に地方では多彩な実演芸術に触れる機会が少ないといった課題が挙げられる。

主な内容

(1)「劇場、音楽堂等」「実演芸術」の定義（第2条）

「劇場、音楽堂等」とは、「施設」及びその「運営に係る人的体制」により構成されるものと定義。人的側面を強調した。「実演芸術」について法律上はじめて定義。実演により表現される音楽、舞踊、演劇、伝統芸能、演芸その他の芸術及び芸能とした。

(2)国の役割（第6条）

　国はこの法律の目的を達成するため、劇場、音楽堂等に係る環境の整備その他の必要な施策を総合的に策定し、及び実施する役割を果たすよう努めるものとする。

(3)地方公共団体の役割（地域の特性に応じた施策の策定、実施）（第7条）

(4)関係者等（劇場、音楽堂の設置者・実演芸術団体・国及び地方公共団体）の相互の連携及び協力（第8条）

(5)国及び地方公共団体の財政上・金融上・税制上等の措置（第9条）

(6)人材（制作者、技術者、経営者、実演家等）の養成及び確保等（第13条）を行うために必要な専門的能力を有する者を養成し、及び確保するとともに、劇場、音楽堂等の職員の資質の向上を図るため、劇場、音楽堂等と大学等との連携及び協力の促進、研修の実施その他の必要な施策を講ずるものとする。

(7)学校教育との連携（第15条）

　国及び地方公共団体は、学校教育において、実演芸術を鑑賞し、又はこれに参加することができるよう、これらの機会の提供その他の必要な施策を講ずるものとする。

(8)劇場、音楽堂等の事業の活性化に関する指針の策定（文部科学大臣）（第16条）

2　文化関係予算の現状

　憲法を学修する際に忘れてはならないのは、現実の予算措置の状況である。まずは、音大生に関係の深い文化予算の内容程度は知っておくべきである。

①国際比較

　諸外国と比較して、わが国の文化予算と民間の寄付はいずれも低い水準にある。以下は、2012年度文化庁予算と諸外国の比較である（外務省、経産省、国会図書館の数字は含まれていない）。

国家予算に占める比率

国名	予算額（億円）	比率（％）	年度	備考
日本	1032	0.11	2012	文化庁平成24年度予算
フランス	4474	1.06	2012	文化・コミュニケーション省予算。アーカイブ、芸術教育、文化産業を含む
ドイツ	1349	0.39	2012	連邦政府首相府文化メディア庁予算
イギリス	1686	0.20	2011	文化・メディア・スポーツ省予算額から、観光、スポーツ、五輪関係を除外
アメリカ	806	0.03	2011	米国芸術基金、スミソニアン機構、国立公園部文化財保護の各予算の合計額。米国の文化政策は税制措置優遇措置が中心
韓国	1418	0.87	2012	文化観光部（体育、観光、文化産業は除く）と文化財庁予算

比率は、国の予算全体に占める文化関係予算の割合。1ドル=81円、1ポンド=129円、1ウォン=0.073円で換算。

　国家予算全体に占める文化予算の比率を数値化したのが上記の表である。フランスは、「文化予算は国家予算の1％」をうたい文句にして文化立国をアピールしてきたが、1.06％で、かろうじて「1％」はクリアしている。いっぽう、日本の文化庁予算は国家予算の0.1％でしかなく、構成比の比較ではフランスの10分の1である。お隣の韓国と比較しても、構成比では韓国の8分の1しかない。

GDPに占める寄附（文化芸術以外も含む）の比率

国名	寄附額（億円）	比率（％）	年度	備考
日本	6300	0.13	2012	内閣府経済総合研究所検査（2008）に基づく
フランス	2900	0.14	2012	英のNPOチャリティーズ・エイド財団の2005報告書による
ドイツ	6100	0.22	2012	〃
イギリス	1兆6300	0.73	2011	〃
アメリカ	20兆4000	1.67	2011	
韓国	データなし			

　文化庁は、予算額を増加することの困難さを認識しているのか、最近では、国民の寄附の意識を高める政策に重心を移しつつあるようだ。上

記図表は、文化庁のホームページから作成したものだが、アメリカの比率は1.67％であるのに日本は0.13％、この国の寄附文化のパワーは、かなり脆弱である。税制面でのインセンティブをもっと高める必要がある。

②平成28年度文化庁予算の概要

平成28年度予算を見ると、文化庁予算は1040億円。前年は1037億円であるため、対前年0.2％増であった。対して一般会計予算総額は96.7兆円。前年は95.9兆円であるため、対前年0.8％増である。文化庁予算の伸び率は全体予算の伸び率よりも低い。

また、全予算に対する文化庁予算の構成比は0.108％で、構成比は前年と変わらず。低め安定、「不動の0.1％」「不動の1千億」となっている。

文化庁予算の三本柱

文化庁予算を大別すると、「文化財」関係、「国立の文化施設」関係、そして「文化芸術」関係の3つに分けられる。

この三者の予算額を比較すると、第1位が、文化財の保存、活用、継承で451.5億円（43％）。第2位が、国立の文化施設（美術館、博物館、劇場）の運営費、改修費で325.9億円（31％）。第3位が、文化芸術の創造と人材育成で202億円（19％）である。この内訳の構成比は、前年と全く変わっていない。

文化関係の活動にもっとも関係の深い予算は、「文化芸術の創造と人材育成」であるが、これについての文化庁予算の位置づけを見ると、文化庁予算の19％でしかない。文化庁予算は総予算の0.108％だから、**文化関係の人材育成予算は、国の予算全体の0.02％**。あまりにもさびしい数字である。

文化庁ホームページの「平成28年度文化庁予算の概要」には、冒頭に**「世界に誇るべき『文化芸術立国』の実現」**と掲げられているが、この言葉が泣いている。

Column ベートーベンと啓蒙主義

　ベートーベンも、啓蒙主義の大きな潮流のなかで育ったことを証明する一つの作品を紹介する。それは、彼が19歳の時に書いた初めての大作「ヨーゼフ2世カンタータ」(Kantate auf den Tod Kaiser Joseph Ⅱ Wo087) である。

　ベートーベンの音楽の底流には、啓蒙主義の哲学や精神が脈々と流れている。このことを理解するためには、少年期のベートーベンのボン時代を理解しておく必要がある。

　1784年4月、あらたにケルン大司教そして選帝侯(神聖ローマ皇帝となる権利の保有者)としてボン宮廷の主になったのは、マクシミリアン・フランツ。父も、そしてベートーベン自身も仕えたボンの宮廷の主は、マリア・テレジアの末子であり、ヨーゼフ2世の末弟であったことは、意外に知られていない。

　マクシミリアン・フランツは、長兄ヨーゼフの啓蒙君主としての影響を強く受け、ボン大学に新進の啓蒙主義的な学者を集めるなど、様々な啓蒙主義的な政治を進めていく。新しい改革的な息吹は、やがて、少年ベートーベンにもしっかりと流れていくことになる。

　ベートーベンの天才を真っ先に見出したのは宮廷オルガニストのネーフェ。彼はベートーベンの音楽的な素質をいち早く見抜き、バッハの平均律クラビアを熱心に教える。さらに、オルガン助手としてベートーベンを宮廷に推挙し、ベートーベンに生計の道を開く。早くして母を亡くし、酒浸りの父に代わって弟たちを育てなければならなかったベートーベンの少年期に希望の光を与えたのはネーフェだった。

　ネーフェはまた、改革的な知識人が集まるボンの読書協会(Lesegesellscaft)の中心人物でもあった。読書クラブには、のちにベートーベンがピアノソナタを献呈するワルトシュタイン伯爵はじめ著名な知識人が集っていた。また、ボン大学の聴講生となったベートーベンは、強烈な革命支持者でありボン大学の言語学教授であったオイロギウス・シュナ

イダーを知ることになる。

　シュナイダーは1790年に詩集を発表するが、その予約購読者のリストに宮廷楽師ベートーベンの名前が残っている。当時のベートーベンの乏しい給与を考えると、シュナイダーへの傾倒ぶりが想像できる。

　シュナイダーは、のちにフランス革命の渦中に参加し、ストラスブルクでの革命推進派の中心人物となるが、やがてジャコバンの恐怖政治の激しい政争の中で、1794年4月にパリで刑死するとことになる。

　1790年2月20日、読書協会のメンバーにとって改革の希望の灯であったヨーゼフ2世が逝去。若きベートーベンは、ヨーゼフ2世追悼のための作曲の依頼を受けることになるのである。

　しかし、ベートーベンは作曲に手間取り、結局追悼式には間に合わなかった。ベートーベンにとっての初の大作は在世中に初演されることはなかった。いま手元にある、1995年録音のCD（Helios /CDH55479）を聴いてみると、のちの第九の歌詞にも表れる啓蒙主義の考え方がすでに出ていて興味深い。

　　Recitativo：Fanatismus（神がかり、狂信）という名のUngeheuer（怪物）が地獄からわきおこり、天地に広がり、夜をもたらしていた。
　　Aria：ヨーゼフが神の力で、天地の間に道を作った。
　　Aria con Coro：die Menschen（人々）はLicht（光）の頂に上る。

　ベートーベンが、マクシミリアン・フランツの後援を得てウィーンに旅立つのは、それから3年後の1792年。その2年前の1790年、ヨーゼフは死去し、2世の次弟レオポルト2世が神聖ローマ皇帝になっていた。さらに、革命後のフランスへの警戒感のなかで、ヨーゼフ改革の多くはなし崩しになっていく。その後もベートーベンは、ウィーンの政治的な定見のなさに激しい憤りを持ち続けることになるが、このときすでにその傾向は顔を出していたのである。

第15講 憲法保障と立憲主義の未来

1 憲法保障

　憲法典は、第9章に「憲法改正」(96条)、最終章の第10章に「最高法規」(97条〜99条)の規定を置いた。これらの規定はいずれも、憲法を頂点とする立憲主義を担保するための規定であって、「憲法保障の規定」と総称されている。

①憲法改正手続き

> 第96条　この憲法の改正は、各議院の総議員の3分の2以上の賛成で、国会が、これを発議し、国民に提案してその承認を経なければならない。この承認には、特別の国民投票又は国会の定める選挙の際行はれる投票において、その過半数の賛成を必要とする。
> 2　憲法改正について前項の承認を経たときは、天皇は、国民の名で、この憲法と一体を成すものとして、直ちにこれを公布する。

　憲法96条は、憲法の改正について、この国のすべての立法手続きのうち、もっとも厳しい手続きを要求した。すべての法規範の中で憲法をもっとも高位に置き、憲法を頂点とした法秩序を確立しようとする趣旨である。すなわち立憲主義体制を保障するための規定が憲法96条である。

　諸国の憲法の中には、法律の制定手続きと憲法の改正手続きに差を設けないものもある（このような憲法を「軟性憲法」あるいは「軟憲法」という）。しかし、多数の国の憲法は、憲法の改正手続きについて法律の制定とは異なる特別の手続きを要求しており、日本国憲法もこの類型

に入る（これを「硬性憲法」あるいは「硬憲法」という）。

　憲法が定めた憲法改正の手続きは、まず「**衆議院及び参議院の総議員の3分の2以上の賛成**」による国民に対しての「**発議**」があり、その後に国民投票が行われ「**国民の過半数の賛成**」による「**承認**」で憲法改正が完了するといった二段階の手続きを経て行われる。

　憲法96条は憲法改正についての骨子となる手続きを定めている。しかし、あくまで「骨子」であって、国民投票を実施するまでの詳細な手続法は、憲法施行後も長期にわたって制定されなかった。

　手続法の制定に着手したのは2006（平成18）年に成立した第1次安倍政権だった。そして衆議院における与党の強行採決や、参議院における18項目の付帯決議が付されるなど、多くの混乱の後、2007（平成19）年に可決成立した。

　その際、課題とされた投票年齢や憲法審査会規定などの懸案事項について、与野党間の合意を得ることができず、政権交代などの政治的な混乱もあって、3年間という異例の長さの施行期間が経過した。そして2014（平成26）年の第186通常国会でようやく投票年齢についての最終的な合意が成立し、2018（平成30）年6月20日以降、18歳以上の国民投票が実施できるようになった。

②基本的人権の本質

> 第97条　この憲法が日本国民に保障する基本的人権は、人類の多年にわたる自由獲得の努力の成果であつて、これらの権利は、過去幾多の試練に堪へ、現在および将来の国民に対し、侵すことのできない永久の権利として信託されたものである。

　立憲主義の目的が、基本的人権の保障にあることを最高法規の章で改めて宣言した規定である。

③最高法規・条約及び国際法規の遵守

> 第 98 条　この憲法は、国の**最高法規**であつて、その条規に反する法律、命令、詔勅及び国務に関するその他の行為の全部又は一部は、その効力を有しない。
> 2　日本国が締結した条約及び確立された国際法規は、これを誠実に遵守することを必要とする。

「最高法規」の意味は、日本国のあらゆる法規（法律、政省令、条例、規則）のなかで、憲法は最高の形式的効力を持ち、したがって、これに抵触する場合、その効力は否認されるということ。

「最高法規」を担保しているのが、最高裁判所を頂点とする裁判所の違憲審査権である（憲法 81 条）。合憲性審査の認定を、憲法裁判所などの特別の組織を設けて判断する国も国際的には多数存在するが、わが国は、これらの国とは異なる体制をとっている。

④憲法尊重擁護の義務

> 第 99 条　天皇又は摂政及び国務大臣、国会議員、裁判官その他の公務員は、この憲法を尊重し擁護する義務を負ふ。

この規定には、「国民」の記載がない。その理由は、国民は、憲法制定権を持つ者として憲法の保持をすることは当然のこととされているからである（憲法 12 条）。そして本文の最後の条文で、憲法の矛先が向けられているのは「国民」ではなく「権力」であるという立憲主義の原点を、改めて明らかにした。

2 憲法改正国民投票法

①改憲と護憲

　1955（昭和 30）年、自由党と日本民主党が合同して自由民主党が誕生する。そして 1993 年の細川政権の誕生まで、自民党の長期政権が続いた（いわゆる「55 年体制」）。党是として自主憲法制定や 9 条改正をかかげる自民党、これに対し野党は、社会党・共産党を中心にした護憲論（自衛隊は憲法違反、憲法の改悪阻止）を唱え、激しい政治的対立が長期間続いた。

　この長い政治的な構図が変化したのは、小選挙区制導入論を背景にした自民党の分裂（1993 年）、新党の出現（「新党さきがけ」「新生党」）、野党八会派の大連合による「細川連立政権」の誕生、自民党の野党転落、自民党と社会党というかつての仇敵同士が新党さきがけを介在して連立する「自社さ村山政権」の誕生、そして 1996 年の社会党の大分裂と民主党の誕生、同年に行われた初の小選挙区制による衆議院選の実施などの、政治的な大きな地殻変動だった。このような 1990 年代の政治的環境の変化は、憲法改正論議についても様々な環境の変化をもたらした。

　大きなきっかけとなったのは、「自社さ」政権の出現にともない、「自衛隊違憲」を党是としてきた社会党の、自衛隊容認への大きな転換だった。それは憲法改正論議にかけられた封印が解けていく瞬間でもあった。

　このような大きな政治環境の変化の中で、「論憲論」（民主党）、「加憲論」（公明党）、「創憲論」などが各政党間で登場し、憲法改正論議についての従来とは異なる新たな展開が生まれるようになった。

　これらの背景をうけて、いままで未着手であった具体的な憲法改正手続法の制定に積極的に取り組んだのが、2006 年に成立した第 1 次安倍政権だったのである。

②憲法改正国民投票法の成立

　2006 年、第 1 次安倍政権のもとで、与党の自民党・公明党の合同提

案として法案は衆議院に提案された。審議は3つの国会を継続して行われることになったが、翌2007年の第166通常国会で、衆議院において、野党欠席の状況での強行採決が行われた。一方、これを受けた参議院では、改めて民主党が対案を提出し、全国各地での公聴会を求めるなど抵抗したが、結局自公の賛成多数で採決された。

その際、「重要な国政問題についての国民投票手続きについての検討」や「最低得票率」の問題、「発議の際の『関連性』の判断」など、論議不十分なままの重要な課題については、引き続き検討すべきであるとの18項目の附帯決議にまとめられた。この付帯決議は、自民党、公明党も賛成して全会一致で可決された。

18項目の決議は、国民投票手続法の不備あるいは疑問点を指摘したもので、今後の憲法改正の論議を進める際に必ず留意すべき問題点について列挙したものである。附帯決議18項目のうち特に重要な点は、以下の3点である。

(1)国民投票の対象・範囲(国民投票の対象・範囲を、憲法改正以外の「一般的な課題」に拡大すべきとの主張への配慮)
→憲法審査会において、その意義及び必要性の有無等について十分な検討を加え、適切な措置を講じるように努めること。
(2)内容に関する関連性の判断(意図的な論点のすり替え、偽装工作への懸念)
→その判断基準を明らかにするとともに、外部有識者の意見も踏まえ、適切かつ慎重に行うこと。
(3)投票率(極端な低投票率による憲法改正の「正当性」の低下への懸念)
→憲法審査会において本法施行までに最低投票率制度の意義・是非について検討を加えること。

③その後の法改正

憲法改正国民投票法は、その附則1条において、施行日を「公布後3年」と規定した。そして、この期間内に、①投票権年齢の18歳にかか

わる法整備、②公務員の政治的行為の制限に係る法整備、③国民投票の対象の3点について結論を得ることを予定していた。

　しかし、その後の民主党による政権交代という大きな政治環境の変化もあり、この課題についてなんらの対応ができないまま、施行日である2010年5月18日を経過した。さらに、それから2年後の2014年、第2次安倍政権のもとで開催された第186通常国会において、以下の法改正が行われ、施行できる体制が整った。法改正の主な内容は、以下の3点である。

①投票権についての18歳規定を施行後4年と確定した（2018年6月20日過ぎの憲法改正の国民投票の選挙権は18歳からになる）。
②公務員の国民投票運動については、「賛成・反対の投票等の勧誘行為及び憲法改正に関する意見表明」に限定してこれを認めた。しかし、組織的な運動についての「企画、主宰、指導」などについては先送りとなった。
③国民投票制度の拡大については、引き続きの検討課題とした。

　最低投票率の問題など、参議院の付帯決議で示した課題の多くは盛り込まれなかった。

　具体的な「人」を選ぶ選挙と比べて、憲法の改正条項という「抽象的な文言」の賛否を問うのでは、後者のほうが判断は難しい。主権者であり憲法制定権力の担い手でもある国民の充分な理解と冷静な判断が担保されるよう、最大限の配慮をすべきである。

　国民への広報は、その観点できわめて重要となる。発議された内容についての丁寧な分かりやすい説明が不可欠であり、賛成・反対の両説もきちんと国民に理解されるよう伝える必要がある。

　冷静な国民の判断を仰ぐためには、国政選挙の騒然とした雰囲気はむしろ避けなければならない。国民の冷静かつ的確な判断ができるよう十分な周知期間が必要であり、公報の体裁や配布方法、投票場の在り方など、様々な問題が待ち受けている。

3　立憲主義と民主主義の未来

最後に、立憲主義と民主主義の未来について考えてみたい。

①人類の歴史と暴力

　私は、憲法を学ぶ究極の目的は、「法の支配」「立憲主義」、そして「国民主権主義」「基本的人権の尊重」「平和主義」という日本国憲法の3つの基本原則の持つ人類史的な意義を理解することに尽きると考えている。

　立憲主義の本質は、憲法を中心にして世の中を組み立てていく考え方であり、その趣旨は、国民の意思によって権力を縛ることにある。すなわち、憲法の矛先は、国民の権利を守るために権力に向けられているのである。

　独裁者が多くの生命を犠牲にし、果てしない流血の惨事を繰り返してきた愚かな人類の歴史。それを乗り越えるために、長い時間をかけてようやくたどり着いた「知の体系」が、憲法というシステムである。憲法は、人間の本能に潜む悪魔的な暴力性を乗り越えて、一歩ずつ前進するための「英知のシステム」なのである。

②「戦争の世紀」

　20世紀は「戦争の世紀」と言われた。第1次大戦以後、科学の発展は航空機、戦車、毒ガスなど大量殺りくの近代兵器を生み出し、戦争の性格を一変させた。そして戦争は、戦闘員だけの限定戦争から、戦闘とは無縁のはずの市民をまきこみ、殺害者の数を競う無差別戦争に変化した。

　そして第2次世界大戦では、1万メートルの高空から大量の爆弾や焼夷弾を投下する戦術が当たり前となり、最後は市民も兵士も区別することなく殲滅する原爆の投下によって、ようやく戦争は終わった。

　しかし、戦争が終わっても、地球という惑星全体を破壊する「核の抑

止力」を競いあう東西の冷戦が続いた。まさに人類史の終末的な最後を予感させてくれたのが20世紀であった。

いま私たちが生きる21世紀も、国家が封印していた民族主義が再び顔を出し、無差別テロという国家の枠組みを超えたあらたな暴力が世界に拡散しようとしている。そして、いまや格差拡大とテロの拡大が、急速に世界全体に広がろうとしているかのようだ。

はたして、人類が獲得した「英知のシステム」は、新たな未来に耐えうるのだろうか。

③立憲主義を超えるシステムは、いまもって存在しない

立憲主義は、人類の愚かな歴史の果てに到達した「英知のシステム」である。そして、人類社会は、このシステムに変わりうるシステムを持ち得てはいない。領主の封建的支配にも、専制君主の絶対王政にも、もはや回帰することはありえない。とするならば、今現在到達しているこの制度、すなわち立憲主義を維持しつつ問題点を最小化し、弊害を除く努力を最大化しつつ、制度の有効性を高めていくことしかないのである。

その一方で、グローバル化と情報化という大きな変化の中で、21世紀は文明史的な大転換期にあるのかもしれない。新しいイノベーションは、経済的格差を水平的にも垂直的にも、急激に拡大している。それを背景に、ヘイトデモや移民排斥に象徴される排外主義が世界各地で拡大している。IT革命はネットで連帯の叫びを発信しつつ、現実の社会では徹底的に個人を分断し、孤立し、不安で、利己的な人間が急増している。

「憲法」というシステム自体が、いま大きな時代の試練にさらされている。だからこそ、あらためて、社会を統治するシステムとしての立憲主義の有用性を検証すべきであろう。そうすることにより、はじめて各人が、立憲主義こそ人類の到達した英知のシステムであると実感することができるであろう。

日本国憲法の実効性は、すべて憲法制定権力を持つ主権者すなわち国民の努力にかかっている。

法の支配、立憲主義、国民主権主義、基本的人権の尊重、そして平和主義。これらの憲法の大原則を維持できるかどうか、憲法の諸規定が有効性を発揮できるかどうか、そのすべてのカギを担っているのは、主権者の国民であることを忘れてはならない。

Column　クロイツァーの「ラ・カンパネラ」

　レオニード・クロイツァーは、1884年にロシアに生まれたユダヤ系ドイツ人。1905年のロシア革命後にライプチッヒに移住、大指揮者アルトゥール・ニキッシュに指揮法を学ぶとともにピアニストとして活躍した。彼の指揮のもと、ラフマニノフ自身のピアノ演奏で協奏曲2番が演奏された。1921年には、フルトベングラーの勧めによりベルリン音楽大学のピアノ科教授に就任。アメリカでの2回にわたる演奏旅行も成功裏に終わり、1931年には初来日、演奏と後進の指導を2か月間にわたって行った。

　フルトベングラー自身も、ナチス協力者の汚名を着せられ、戦後ヨーロッパ音楽界から2年間にわたって追放される苦難の歴史をたどったが、クロイツァーの場合は、さらに直接的な影響を受ける。それがナチスによって制定された「職業的官吏制度再建法」による公職追放だった。

　ユダヤ人排斥政策がますます高まる中、3回目の来日をした1933年、クロイツァーはドイツ帰国を断念する。そう勧めたのは近衛秀麿だった。事実上のドイツからの亡命だった。

　クロイツァーは、1938年東京音楽学校（現・東京藝大）の講師に就任、1942年にナチスドイツの欠席裁判で国籍はく奪、その影響で日本での演奏活動も制限が加えられるようになり、1944年の秋には日本でも公職追放となり演奏活動も中止となる。そして、1945年9月、敗戦直後から演奏活動を再開、1946年9月には東京音楽学校に復職、戦後の焼け跡の中で、指揮者として、また演奏家として、ドイツ音楽を日本に伝えていく。さらに多くの若い演奏家や音楽教育の指導者を育てていく。

戦争という歴史が、一人の音楽家の運命を変えた。そして日本で多くの種をまいた。苦難の末の果実が花開いて、今日の日本の音楽がある。
　日独防共協定という縛りの中で、ナチスドイツから様々な圧力があったことは容易に想像できる。しかし、それをかいくぐりながら、必死で音楽の灯を守り続けようとした人々がこの国には存在した。近衛秀麿ほか音楽を愛する先人たちの人知れぬ知恵や努力が、戦後日本の音楽発展の基礎を作ったのである。
　先年亡くなった、長年私を支えてくれた後援会長の遺品に、多数のSP盤があった。その中に、盤面のヘリが、ネズミがかじったように欠損しているレコードがあった。それが、クロイツァーの演奏する「ラ・カンパネラ」だった。
　欠損部分すれすれの溝に針を合わせ、慎重に盤面に針を載せる。そして音が聞こえてくる瞬間を待った。鐘の音を一つひとつ確認するように、柔らかな暖かさをもって演奏は始まる。やがて、雄大にかつ堂々とテンポ・アップしていく。
　歴史を乗り越えて、未来につながっていく、音楽の持つ偉大な力を実感させる素晴らしい演奏だった（この演奏はユーチューブにもアップされている）。
（クロイツァーの略歴は、クロイツァー記念会ホームページ「没後50周年に際して」記念会会長中山靖子氏を参考にさせていただきました。）

参考文献

■憲法関連
『憲法概観 第7版』小嶋和司・大石 眞、有斐閣双書
『いま、憲法は「時代遅れ」か』樋口陽一、平凡社
『判例憲法 第2版』大石 眞・大沢秀介、有斐閣
『世界史の中の憲法』浦部法穂、共栄書房
『憲法1 人権』渋谷秀樹・赤坂正浩、有斐閣アルマ
『憲法2 統治』渋谷秀樹・赤坂正浩、有斐閣アルマ
『世界憲法集 第2版』高橋一之 編、岩波文庫
『教職教養憲法15話』加藤一彦、北樹出版
『「君が代」ピアノ伴奏強要事件』吉峯啓晴 他、日本評論社
『憲法Ⅰ 新版』清宮四郎、有斐閣
『憲法Ⅱ 新版』宮沢俊儀、有斐閣
『日本国憲法』宮沢俊儀、日本評論社
『現代のシビリアン・コントロール』西岡朗、知識社

■音楽関連
『モーツァルト 最後の年』H.C.ロビンズ・ランドン（海老沢敏 訳）、中央公論社
『モーツァルト・ゴールデン・イヤーズ』H.C.ロビンズ・ランドン（吉田泰輔 訳）、中央公論社
『モーツァルト大事典』H.C.ロビンズ・ランドン（海老沢敏 訳）、平凡社
『モーツァルトとルソー』海老沢敏、音楽之友社
『比類なきモーツァルト』ジャン＝ヴィクトル・オカール（武藤剛史 訳）、白水社
『モーツァルトとコンスタンツェ』フランシス・カー（横山一雄 訳）、音楽之友社
『モーツァルトとフリーメイスン結社』パウル・ネットゥル（海老沢敏 訳）、音楽之友社
『モーツァルトとフリーメーソン』キャサリン・トムソン（湯川 新・田口幸吉 訳）、法政大学出版局
『モーツァルト事典』海老沢敏・吉田泰輔 監修、東京書籍
『モーツァルト書簡全集ⅡⅢⅣ』海老沢敏・高橋英朗 編訳、白水社
『［新訳］フィガロの結婚』ボーマルシェ［作］、鈴木康司［解説］、大修館書店
『フリーメイスンのすべて』W.カーク・マクナルティ（武井摩利 訳）、創元社
『ルソー全集別巻Ⅱ』木崎喜代治、白水社
『革命家皇帝ヨーゼフ2世』E.ホフマスキー 著、倉田 稔 監修、藤原書店
『マリア・テレジアとヨーゼフ2世』稲野 強、山川出版社
『ハプスブルク帝国の近代化とヨーゼフ主義』丹後杏一、多賀出版
『ベートーベン人間像』近衛秀麿、音楽之友社
『遥かなる恋人に』青木やよひ、筑摩書房
『ベートーベンの生涯』青木やよひ、平凡社新書
『ベートーベンと変革の時代』フリーダ・ナイト（深沢 俊 訳）、法政大学出版局
『〈第九〉誕生』ハーヴェイ・サックス（後藤菜穂子 訳）、春秋社
『尺八の歴史』上野堅實、出版芸術社
『尺八史概説』山口正義、出版芸術社
『アインシュタインとヴァイオリン』西原 稔・安生 健、ヤマハ・ミュージック・メディア

あとがき

　1990年8月、イラクのクウェート侵攻への対策を論議するため、自民党本部で憲法調査会が開かれた。その時に交わされた激論を思い出す。関東軍の高級参謀であった板垣征四郎氏の次男である板垣正参議院議員が、とうとう「自主憲法制定論」を述べられた。これに対し私は異を唱えた。「開戦そして敗戦という歴史をまず冷静に分析することこそ、先決問題ではないか」と。この問題意識は、今も変わらない。

　戦後の憲法論議の多くは「自衛隊合憲・違憲」に代表されるドグマチックな論争に終始した。その結果、実力集団としての軍隊をどのように民主的に統制するかといった議論はまったく未消化であり、基本的にはその状況は今も変わらない。

　簡潔を期しながら、足らざるを補おうとし、蛇足が多すぎる著書となったが、音楽を志す若者に多少なりとも憲法を学ぶ醍醐味を感じていただければと思い、出版に及んだ次第である。

2017年1月19日　簗瀬　進

付録1　日本国憲法

前文

　日本国民は、正当に選挙された国会における代表者を通じて行動し、われらとわれらの子孫のために、諸国民との協和による成果と、わが国全土にわたつて自由のもたらす恵沢を確保し、政府の行為によつて再び戦争の惨禍が起ることのないやうにすることを決意し、ここに主権が国民に存することを宣言し、この憲法を確定する。そもそも国政は、国民の厳粛な信託によるものであつて、その権威は国民に由来し、その権力は国民の代表者がこれを行使し、その福利は国民がこれを享受する。これは人類普遍の原理であり、この憲法は、かかる原理に基くものである。われらは、これに反する一切の憲法、法令及び詔勅を排除する。

　日本国民は、恒久の平和を念願し、人間相互の関係を支配する崇高な理想を深く自覚するのであつて、平和を愛する諸国民の公正と信義に信頼して、われらの安全と生存を保持しようと決意した。われらは、平和を維持し、専制と隷従、圧迫と偏狭を地上から永遠に除去しようと努めてゐる国際社会において、名誉ある地位を占めたいと思ふ。われらは、全世界の国民が、ひとしく恐怖と欠乏から免かれ、平和のうちに生存する権利を有することを確認する。

　われらは、いづれの国家も、自国のことのみに専念して他国を無視してはならないのであつて、政治道徳の法則は、普遍的なものであり、この法則に従ふことは、自国の主権を維持し、他国と対等関係に立たうとする各国の責務であると信ずる。

　日本国民は、国家の名誉にかけ、全力をあげてこの崇高な理想と目的を達成することを誓ふ。

第1章　天皇

第1条　天皇は、日本国の象徴であり日本国民統合の象徴であつて、この地位は、主権の存する日本国民の総意に基く。

第2条　皇位は、世襲のものであつて、国会の議決した皇室典範の定めるところにより、これを継承する。

第3条　天皇の国事に関するすべての行為には、内閣の助言と承認を必要とし、内閣が、その責任を負ふ。

第4条　天皇は、この憲法の定める国事に関する行為のみを行ひ、国政に関する権能を有しない。

２　天皇は、法律の定めるところにより、その国事に関する行為を委任することができる。

第5条　皇室典範の定めるところにより摂政を置くときは、摂政は、天皇の名でその国事に関する行為を行ふ。この場合には、前条第一項の規定を準用する。

第6条　天皇は、国会の指名に基いて、内閣総理大臣を任命する。
2　天皇は、内閣の指名に基いて、最高裁判所の長たる裁判官を任命する。
第7条　天皇は、内閣の助言と承認により、国民のために、左の国事に関する行為を行ふ。
1．憲法改正、法律、政令及び条約を公布すること。
2．国会を召集すること。
3．衆議院を解散すること。
4．国会議員の総選挙の施行を公示すること。
5．国務大臣及び法律の定めるその他の官吏の任免並びに全権委任状及び大使及び公使の信任状を認証すること。
6．大赦、特赦、減刑、刑の執行の免除及び復権を認証すること。
7．栄典を授与すること。
8．批准書及び法律の定めるその他の外交文書を認証すること。
9．外国の大使及び公使を接受すること。
10．儀式を行ふこと。
第8条　皇室に財産を譲り渡し、又は皇室が、財産を譲り受け、若しくは賜与することは、国会の議決に基かなければならない。

第2章　戦争の放棄

第9条　日本国民は、正義と秩序を基調とする国際平和を誠実に希求し、国権の発動たる戦争と、武力による威嚇又は武力の行使は、国際紛争を解決する手段としては、永久にこれを放棄する。
2　前項の目的を達するため、陸海空軍その他の戦力は、これを保持しない。国の交戦権は、これを認めない。

第3章　国民の権利及び義務

第10条　日本国民たる要件は、法律でこれを定める。
第11条　国民は、すべての基本的人権の享有を妨げられない。この憲法が国民に保障する基本的人権は、侵すことのできない永久の権利として、現在及び将来の国民に与へられる。
第12条　この憲法が国民に保障する自由及び権利は、国民の不断の努力によつて、これを保持しなければならない。又、国民は、これを濫用してはならないのであつて、常に公共の福祉のためにこれを利用する責任を負ふ。
第13条　すべて国民は、個人として尊重される。生命、自由及び幸福追求に対する国民の権利については、公共の福祉に反しない限り、立法その他の国政の上で、最大の尊重を必要とする。
第14条　すべて国民は、法の下に平等であつて、人種、信条、性別、社会的身分又は門地により、政治的、経済的又は社会的関係において、差別されない。

2　華族その他の貴族の制度は、これを認めない。
3　栄誉、勲章その他の栄典の授与は、いかなる特権も伴はない。栄典の授与は、現にこれを有し、又は将来これを受ける者の一代に限り、その効力を有する。

第15条　公務員を選定し、及びこれを罷免することは、国民固有の権利である。
2　すべて公務員は、全体の奉仕者であつて、一部の奉仕者ではない。
3　公務員の選挙については、成年者による普通選挙を保障する。
4　すべて選挙における投票の秘密は、これを侵してはならない。選挙人は、その選択に関し公的にも私的にも責任を問はれない。

第16条　何人も、損害の救済、公務員の罷免、法律、命令又は規則の制定、廃止又は改正その他の事項に関し、平穏に請願する権利を有し、何人も、かかる請願をしたためにいかなる差別待遇も受けない。

第17条　何人も、公務員の不法行為により、損害を受けたときは、法律の定めるところにより、国又は公共団体に、その賠償を求めることができる。

第18条　何人も、いかなる奴隷的拘束も受けない。又、犯罪に因る処罰の場合を除いては、その意に反する苦役に服させられない。

第19条　思想及び良心の自由は、これを侵してはならない。

第20条　信教の自由は、何人に対してもこれを保障する。いかなる宗教団体も、国から特権を受け、又は政治上の権力を行使してはならない。
2　何人も、宗教上の行為、祝典、儀式又は行事に参加することを強制されない。
3　国及びその機関は、宗教教育その他いかなる宗教的活動もしてはならない。

第21条　集会、結社及び言論、出版その他一切の表現の自由は、これを保障する。
2　検閲は、これをしてはならない。通信の秘密は、これを侵してはならない。

第22条　何人も、公共の福祉に反しない限り、居住、移転及び職業選択の自由を有する。
2　何人も、外国に移住し、又は国籍を離脱する自由を侵されない。

第23条　学問の自由は、これを保障する。

第24条　婚姻は、両性の合意のみに基いて成立し、夫婦が同等の権利を有することを基本として、相互の協力により、維持されなければならない。
2　配偶者の選択、財産権、相続、住居の選定、離婚並びに婚姻及び家族に関するその他の事項に関しては、法律は、個人の尊厳と両性の本質的平等に立脚して、制定されなければならない。

第25条　すべて国民は、健康で文化的な最低限度の生活を営む権利を有する。
2　国は、すべての生活部面について、社会福祉、社会保障及び公衆衛生の向上及び増進に努めなければならない。

第26条　すべて国民は、法律の定めるところにより、その能力に応じて、ひとしく教育を受ける権利を有する。
2　すべて国民は、法律の定めるところにより、その保護する子女に普通教育を受けさせ

る義務を負ふ。義務教育は、これを無償とする。
第27条　すべて国民は、勤労の権利を有し、義務を負ふ。
2　賃金、就業時間、休息その他の勤労条件に関する基準は、法律でこれを定める。
3　児童は、これを酷使してはならない。
第28条　勤労者の団結する権利及び団体交渉その他の団体行動をする権利は、これを保障する。
第29条　財産権は、これを侵してはならない。
2　財産権の内容は、公共の福祉に適合するやうに、法律でこれを定める。
3　私有財産は、正当な補償の下に、これを公共のために用ひることができる。
第30条　国民は、法律の定めるところにより、納税の義務を負ふ。
第31条　何人も、法律の定める手続によらなければ、その生命若しくは自由を奪はれ、又はその他の刑罰を科せられない。
第32条　何人も、裁判所において裁判を受ける権利を奪はれない。
第33条　何人も、現行犯として逮捕される場合を除いては、権限を有する司法官憲が発し、且つ理由となつてゐる犯罪を明示する令状によらなければ、逮捕されない。
第34条　何人も、理由を直ちに告げられ、且つ、直ちに弁護人に依頼する権利を与へられなければ、抑留又は拘禁されない。又、何人も、正当な理由がなければ、拘禁されず、要求があれば、その理由は、直ちに本人及びその弁護人の出席する公開の法廷で示されなければならない。
第35条　何人も、その住居、書類及び所持品について、侵入、捜索及び押収を受けることのない権利は、第33条の場合を除いては、正当な理由に基いて発せられ、且つ捜索する場所及び押収する物を明示する令状がなければ、侵されない。
2　捜索又は押収は、権限を有する司法官憲が発する各別の令状により、これを行ふ。
第36条　公務員による拷問及び残虐な刑罰は、絶対にこれを禁ずる。
第37条　すべて刑事事件においては、被告人は、公平な裁判所の迅速な公開裁判を受ける権利を有する。
2　刑事被告人は、すべての証人に対して審問する機会を充分に与へられ、又、公費で自己のために強制的手続により証人を求める権利を有する。
3　刑事被告人は、いかなる場合にも、資格を有する弁護人を依頼することができる。被告人が自らこれを依頼することができないときは、国でこれを附する。
第38条　何人も、自己に不利益な供述を強要されない。
2　強制、拷問若しくは脅迫による自白又は不当に長く抑留若しくは拘禁された後の自白は、これを証拠とすることができない。
3　何人も、自己に不利益な唯一の証拠が本人の自白である場合には、有罪とされ、又は刑罰を科せられない。
第39条　何人も、実行の時に適法であつた行為又は既に無罪とされた行為については、

刑事上の責任を問はれない。又、同一の犯罪について、重ねて刑事上の責任を問はれない。

第 40 条 何人も、抑留又は拘禁された後、無罪の裁判を受けたときは、法律の定めるところにより、国にその補償を求めることができる。

第 4 章 国 会

第 41 条 国会は、国権の最高機関であつて、国の唯一の立法機関である。

第 42 条 国会は、衆議院及び参議院の両議院でこれを構成する。

第 43 条 両議院は、全国民を代表する選挙された議員でこれを組織する。

2 両議院の議員の定数は、法律でこれを定める。

第 44 条 両議院の議員及びその選挙人の資格は、法律でこれを定める。但し、人種、信条、性別、社会的身分、門地、教育、財産又は収入によつて差別してはならない。

第 45 条 衆議院議員の任期は、4 年とする。但し、衆議院解散の場合には、その期間満了前に終了する。

第 46 条 参議院議員の任期は、6 年とし、3 年ごとに議員の半数を改選する。

第 47 条 選挙区、投票の方法その他両議院の議員の選挙に関する事項は、法律でこれを定める。

第 48 条 何人も、同時に両議院の議員たることはできない。

第 49 条 両議院の議員は、法律の定めるところにより、国庫から相当額の歳費を受ける。

第 50 条 両議院の議員は、法律の定める場合を除いては、国会の会期中逮捕されず、会期前に逮捕された議員は、その議院の要求があれば、会期中これを釈放しなければならない。

第 51 条 両議院の議員は、議院で行つた演説、討論又は表決について、院外で責任を問はれない。

第 52 条 国会の常会は、毎年一回これを召集する。

第 53 条 内閣は、国会の臨時会の召集を決定することができる。いづれかの議院の総議員の 4 分の 1 以上の要求があれば、内閣は、その召集を決定しなければならない。

第 54 条 衆議院が解散されたときは、解散の日から 40 日以内に、衆議院議員の総選挙を行ひ、その選挙の日から 30 日以内に、国会を召集しなければならない。

2 衆議院が解散されたときは、参議院は、同時に閉会となる。但し、内閣は、国に緊急の必要があるときは、参議院の緊急集会を求めることができる。

3 前項但書の緊急集会において採られた措置は、臨時のものであつて、次の国会開会の後 10 日以内に、衆議院の同意がない場合には、その効力を失ふ。

第 55 条 両議院は、各々その議員の資格に関する争訟を裁判する。但し、議員の議席を失はせるには、出席議員の 3 分の 2 以上の多数による議決を必要とする。

第 56 条 両議院は、各々その総議員の 3 分の 1 以上の出席がなければ、議事を開き、議決することができない。

2 両議院の議事は、この憲法に特別の定のある場合を除いては、出席議員の過半数でこ

れを決し、可否同数のときは、議長の決するところによる。
第57条　両議院の会議は、公開とする。但し、出席議員の3分の2以上の多数で議決したときは、秘密会を開くことができる。
2　両議院は、各々その会議の記録を保存し、秘密会の記録の中で特に秘密を要すると認められるもの以外は、これを公表し、且つ一般に頒布しなければならない。
3　出席議員の5分の1以上の要求があれば、各議員の表決は、これを会議録に記載しなければならない。
第58条　両議院は、各々その議長その他の役員を選任する。
2　両議院は、各々その会議その他の手続及び内部の規律に関する規則を定め、又、院内の秩序をみだした議員を懲罰することができる。但し、議員を除名するには、出席議員の3分の2以上の多数による議決を必要とする。
第59条　法律案は、この憲法に特別の定のある場合を除いては、両議院で可決したとき法律となる。
2　衆議院で可決し、参議院でこれと異なつた議決をした法律案は、衆議院で出席議員の3分の2以上の多数で再び可決したときは、法律となる。
3　前項の規定は、法律の定めるところにより、衆議院が、両議院の協議会を開くことを求めることを妨げない。
4　参議院が、衆議院の可決した法律案を受け取つた後、国会休会中の期間を除いて60日以内に、議決しないときは、衆議院は、参議院がその法律案を否決したものとみなすことができる。
第60条　予算は、さきに衆議院に提出しなければならない。
2　予算について、参議院で衆議院と異なつた議決をした場合に、法律の定めるところにより、両議院の協議会を開いても意見が一致しないとき、又は参議院が、衆議院の可決した予算を受け取つた後、国会休会中の期間を除いて30日以内に、議決しないときは、衆議院の議決を国会の議決とする。
第61条　条約の締結に必要な国会の承認については、前条第2項の規定を準用する。
第62条　両議院は、各々国政に関する調査を行ひ、これに関して、証人の出頭及び証言並びに記録の提出を要求することができる。
第63条　内閣総理大臣その他の国務大臣は、両議院の一に議席を有すると有しないとにかかはらず、何時でも議案について発言するため議院に出席することができる。又、答弁又は説明のため出席を求められたときは、出席しなければならない。
第64条　国会は、罷免の訴追を受けた裁判官を裁判するため、両議院の議員で組織する弾劾裁判所を設ける。
2　弾劾に関する事項は、法律でこれを定める。

第5章　内　閣

第 65 条　行政権は、内閣に属する。
第 66 条　内閣は、法律の定めるところにより、その首長たる内閣総理大臣及びその他の国務大臣でこれを組織する。
2　内閣総理大臣その他の国務大臣は、文民でなければならない。
3　内閣は、行政権の行使について、国会に対し連帯して責任を負ふ。
第 67 条　内閣総理大臣は、国会議員の中から国会の議決で、これを指名する。この指名は、他のすべての案件に先だつて、これを行ふ。
2　衆議院と参議院とが異なつた指名の議決をした場合に、法律の定めるところにより、両議院の協議会を開いても意見が一致しないとき、又は衆議院が指名の議決をした後、国会休会中の期間を除いて 10 日以内に、参議院が、指名の議決をしないときは、衆議院の議決を国会の議決とする。
第 68 条　内閣総理大臣は、国務大臣を任命する。但し、その過半数は、国会議員の中から選ばれなければならない。
2　内閣総理大臣は、任意に国務大臣を罷免することができる。
第 69 条　内閣は、衆議院で不信任の決議案を可決し、又は信任の決議案を否決したときは、10 日以内に衆議院が解散されない限り、総辞職をしなければならない。
第 70 条　内閣総理大臣が欠けたとき、又は衆議院議員総選挙の後に初めて国会の召集があつたときは、内閣は、総辞職をしなければならない。
第 71 条　前 2 条の場合には、内閣は、あらたに内閣総理大臣が任命されるまで引き続きその職務を行ふ。
第 72 条　内閣総理大臣は、内閣を代表して議案を国会に提出し、一般国務及び外交関係について国会に報告し、並びに行政各部を指揮監督する。
第 73 条　内閣は、他の一般行政事務の外、左の事務を行ふ。
1．法律を誠実に執行し、国務を総理すること。
2．外交関係を処理すること。
3．条約を締結すること。但し、事前に、時宜によつては事後に、国会の承認を経ることを必要とする。
4．法律の定める基準に従ひ、官吏に関する事務を掌理すること。
5．予算を作成して国会に提出すること。
6．この憲法及び法律の規定を実施するために、政令を制定すること。但し、政令には、特にその法律の委任がある場合を除いては、罰則を設けることができない。
7．大赦、特赦、減刑、刑の執行の免除及び復権を決定すること。
第 74 条　法律及び政令には、すべて主任の国務大臣が署名し、内閣総理大臣が連署することを必要とする。
第 75 条　国務大臣は、その在任中、内閣総理大臣の同意がなければ、訴追されない。但し、これがため、訴追の権利は、害されない。

第6章　司　法

第76条　すべて司法権は、最高裁判所及び法律の定めるところにより設置する下級裁判所に属する。
2　特別裁判所は、これを設置することができない。行政機関は、終審として裁判を行ふことができない。
3　すべて裁判官は、その良心に従ひ独立してその職権を行ひ、この憲法及び法律にのみ拘束される。

第77条　最高裁判所は、訴訟に関する手続、弁護士、裁判所の内部規律及び司法事務処理に関する事項について、規則を定める権限を有する。
2　検察官は、最高裁判所の定める規則に従わなければならない。
3　最高裁判所は、下級裁判所に関する規則を定める権限を、下級裁判所に委任することができる。

第78条　裁判官は、裁判により、心身の故障のために職務を執ることができないと決定された場合を除いては、公の弾劾によらなければ罷免されない。裁判官の懲戒処分は、行政機関がこれを行ふことはできない。

第79条　最高裁判所は、その長たる裁判官及び法律の定める員数のその他の裁判官でこれを構成し、その長たる裁判官以外の裁判官は、内閣でこれを任命する。
2　最高裁判所の裁判官の任命は、その任命後初めて行はれる衆議院議員総選挙の際国民の審査に付し、その後10年を経過した後初めて行はれる衆議院議員総選挙の際更に審査に付し、その後も同様とする。
3　前項の場合において、投票者の多数が裁判官の罷免を可とするときは、その裁判官は、罷免される。
4　審査に関する事項は、法律でこれを定める。
5　最高裁判所の裁判官は、法律の定める年齢に達した時に退官する。
6　最高裁判所の裁判官は、すべて定期に相当額の報酬を受ける。この報酬は、在任中、これを減額することができない。

第80条　下級裁判所の裁判官は、最高裁判所の指名した者の名簿によつて、内閣でこれを任命する。その裁判官は、任期を10年とし、再任されることができる。但し、法律の定める年齢に達した時には退官する。
2　下級裁判所の裁判官は、すべて定期に相当額の報酬を受ける。この報酬は、在任中、これを減額することができない。

第81条　最高裁判所は、一切の法律、命令、規則又は処分が憲法に適合するかしないかを決定する権限を有する終審裁判所である。

第82条　裁判の対審及び判決は、公開法廷でこれを行ふ。
2　裁判所が、裁判官の全員一致で、公の秩序又は善良の風俗を害する虞があると決した

場合には、対審は、公開しないでこれを行ふことができる。但し、政治犯罪、出版に関する犯罪又はこの憲法第3章で保障する国民の権利が問題となつてゐる事件の対審は、常にこれを公開しなければならない。

第7章　財　政

第83条　国の財政を処理する権限は、国会の議決に基いて、これを行使しなければならない。

第84条　あらたに租税を課し、又は現行の租税を変更するには、法律又は法律の定める条件によることを必要とする。

第85条　国費を支出し、又は国が債務を負担するには、国会の議決に基くことを必要とする。

第86条　内閣は、毎会計年度の予算を作成し、国会に提出して、その審議を受け議決を経なければならない。

第87条　予見し難い予算の不足に充てるため、国会の議決に基いて予備費を設け、内閣の責任でこれを支出することができる。

2　すべて予備費の支出については、内閣は、事後に国会の承諾を得なければならない。

第88条　すべて皇室財産は、国に属する。すべて皇室の費用は、予算に計上して国会の議決を経なければならない。

第89条　公金その他の公の財産は、宗教上の組織若しくは団体の使用、便益若しくは維持のため、又は公の支配に属しない慈善、教育若しくは博愛の事業に対し、これを支出し、又はその利用に供してはならない。

第90条　国の収入支出の決算は、すべて毎年会計検査院がこれを検査し、内閣は、次の年度に、その検査報告とともに、これを国会に提出しなければならない。

2　会計検査院の組織及び権限は、法律でこれを定める。

第91条　内閣は、国会及び国民に対し、定期に、少くとも毎年一回、国の財政状況について報告しなければならない。

第8章　地方自治

第92条　地方公共団体の組織及び運営に関する事項は、地方自治の本旨に基いて、法律でこれを定める。

第93条　地方公共団体には、法律の定めるところにより、その議事機関として議会を設置する。

2　地方公共団体の長、その議会の議員及び法律の定めるその他の吏員は、その地方公共団体の住民が、直接これを選挙する。

第94条　地方公共団体は、その財産を管理し、事務を処理し、及び行政を執行する権能を有し、法律の範囲内で条例を制定することができる。

第95条　一の地方公共団体のみに適用される特別法は、法律の定めるところにより、その地方公共団体の住民の投票においてその過半数の同意を得なければ、国会は、これを制定することができない。

第9章　改　正

第96条　この憲法の改正は、各議院の総議員の３分の２以上の賛成で、国会が、これを発議し、国民に提案してその承認を経なければならない。この承認には、特別の国民投票又は国会の定める選挙の際行はれる投票において、その過半数の賛成を必要とする。
２　憲法改正について前項の承認を経たときは、天皇は、国民の名で、この憲法と一体を成すものとして、直ちにこれを公布する。

第10章　最高法規

第97条　この憲法が日本国民に保障する基本的人権は、人類の多年にわたる自由獲得の努力の成果であつて、これらの権利は、過去幾多の試錬に堪へ、現在及び将来の国民に対し、侵すことのできない永久の権利として信託されたものである。
第98条　この憲法は、国の最高法規であつて、その条規に反する法律、命令、詔勅及び国務に関するその他の行為の全部又は一部は、その効力を有しない。
２　日本国が締結した条約及び確立された国際法規は、これを誠実に遵守することを必要とする。
第99条　天皇又は摂政及び国務大臣、国会議員、裁判官その他の公務員は、この憲法を尊重し擁護する義務を負ふ。

第11章　補　則

第100条　この憲法は、公布の日から起算して６箇月を経過した日から、これを施行する。
２　この憲法を施行するために必要な法律の制定、参議院議員の選挙及び国会召集の手続並びにこの憲法を施行するために必要な準備手続は、前項の期日よりも前に、これを行ふことができる。
第101条　この憲法施行の際、参議院がまだ成立してゐないときは、その成立するまての間、衆議院は、国会としての権限を行ふ。
第102条　この憲法による第一期の参議院議員のうち、その半数の者の任期は、これを３年とする。その議員は、法律の定めるところにより、これを定める。
第103条　この憲法施行の際現に在職する国務大臣、衆議院議員及び裁判官並びにその他の公務員で、その地位に相応する地位がこの憲法で認められてゐる者は、法律で特別の定をした場合を除いては、この憲法施行のため、当然にはその地位を失ふことはない。但し、この憲法によつて、後任者が選挙又は任命されたときは、当然その地位を失ふ。

付録2　フランス人権宣言のさきがけとなったヨーゼフ革命

　母親の女帝マリア・テレジアに遠慮し続けていた、共同統治下のヨーゼフ2世。しかし女帝の死後、単独統治となったヨーゼフは、堰を切ったように啓蒙主義的な改革案を発布し続ける。先王が取得した土地を国庫に返納、帝室所有地を公園として臣民に開放（プラーター公園）、公立病院や孤児院を設置するなど、啓蒙君主としての数々の取り組みを行ったヨーゼフ2世だが、彼の単独統治が始まった1780年11月から死去する1790年2月までの10年間、発布された改革勅令は1万件を超えると言われる。

　モーツァルトが父とともに仕えたザルツブルクの支配者コロレード大司教と訣別し、ウィーン定住を決意したのは1781年の夏。そして死ぬまでの10年間をウィーンで送った。数々の傑作が残され「黄金の10年」と言われるこの時期は、ヨーゼフ改革の大きな潮流としっかり重なっている。

　ヨーゼフ革命の初年度と言うべき1781年に発出されたのが、農奴廃止令である。原典の正確な内容を確認しようとすると、意外に文献は少ない。ネット検索で「飾り文字」のドイツ語の勅令の画像は入手できたが、200年以上前の宮廷文書のため、私の乏しいドイツ語の知識では解読不可能。そこで、昭和音大准教授・石川亮子氏（音楽学）の助けを借り、ようやく農奴解放令の全文が解読できた。古語、ウィーン訛り、宮廷法律用語の特殊な言い回し、こういったハンデを乗り越えての訳出は以下のとおりである。

1781年11月1日以降の、ボヘミア、モラヴィア、シュレージエン地方における農奴制の廃止について

　我らのヨーゼフ2世、神から選ばれし神聖ローマ皇帝、世々にいたるまで帝国の尊厳者にして、ゲルマン人、ハンガリー人、ボヘミア人の王、オーストリア大公にして、ブルグント、ロートリンゲン公は、我々すべての最も忠実な身分の人々、荘園領主に関わる役人、裁判官、陪審員、その他のボヘミア、モラヴィア、シュレージエン地方における臣民たちに、我々荘園領主の恩寵を伝え、ここに寛大にも以下のことを聞かしめる。

　我々は農奴制の廃止、およびその緩和された、すなわち我々オーストリアの世襲領地の例に従って設置された服従の導入が、土地の開拓と産業の改善につながるのか、つまり有用な影響を持ち得るのか、そして理性と人間愛が、この変更を喜んで認めるのかを検討してきた結果、緩和された服従を導入するのではなく、これ以降、農奴制を完全に廃止①すること、そして荘園領主とその役人たちのもとに、臣民たちに対し

て以下のことを、厳密に遵守するよう定めることを、ここに見出すこととなった。

　その一　すべての臣民は、これまでの届出と無料の住民票と引き換えに、結婚する権利②を有する。同様に、

　その二　すべての臣民にとって、区の組織の定めたことを遵守する限りにおいて、領主から自立③すること、国内のいずこかに定住④すること、職務を探すことは自由⑤である。領主から自立し、いずこかに家を建て、もしくは部屋を借りて定住⑥することを望むすべての臣民は、新しい領主に提示することによって、以前の荘園領主に関する義務から解放⑦され、その状態が維持されることになる、無料の解放証明書を要求されるに留まる。

　その三　臣民は自らの意思に従って、手工業や技術を学ぶこと⑧、それをやめること⑨、実に自らが見出したが故に、生業による利益を追求⑩することが出来る。

　その四　臣民は今後、いくばくかの宮廷に関する職務を果たす必要はない⑪。ただし、

　その五　両親を失ったすべての者は、役所によって無料で面倒をみてもらえる⑫という後見に関して、通常の孤児の時期は、いずれにしても３年間を上回ってはならず、出身がどこであれ、どの場所であったとしても、宮廷に関して勤め上げることができる。そして最終的には、

　その六　すべてのその他の臣民の土地に関わる賦役、現物もしくは現金による賦役の履行⑬について、臣民は、我々のボヘミアの世襲領地に結びついたままになっていた農奴制の廃止の後も、国の法令⑭によって、ひき続き定められるものである。それ以外については、臣民に対しては何も、もしくはほとんど課せられてはいない。なぜならば臣民は、今や農奴とは見なされておらず、またかつての農奴制の法のもとに、必要以上のものを要求されていたからである。その他の点では、臣民は農奴制の廃止の後も、存在する法によって、賦役をもって政府と契約によって結びついていることは、自明のこととして理解されねばならない。今後、留意されるべきことは、上位に置かれた我々の役所や役場が、どのような場合においても、厳密な規範に関して法をなすこと⑮であり、それに従うことに関して、厳密にコントロールする権利を持つことである。

　さて、ここに我らの最も高貴で、そして重大な意思と命令が下された。我らの都ウィーンにおいて、1781年11月1日より、我らの帝国、すなわち18世紀の神聖ローマの、世襲領地の最初の年において、それは与えられたのである。

（出典：Kleindel（996年から1955年までのオーストリアの史料と文書）、1984年出版、189頁より）

ヨーゼフ2世の単独統治が始まった1780年当時のハプスブルク帝国は、ヨーロッパ最大の領土を持つ大国だった。ただし、広大な領土は、多産なマリア・テレジアが展開した巧みな結婚政略と外交戦略によるものであり、事実上各地の独自性を容認するゆるやかな連邦制的な帝国だった。

　啓蒙君主のヨーゼフ2世の改革は、完全にハプスブルク帝国全域で実施されるには至らなかった。しかし、そのことをもって彼の改革の意味を過小評価するのは正しくない。少なくとも勅令にある通り、ボヘミア、モラヴィア、シュレージエン地方においては勅令発布と同時に効力を持った、実効的な法律であった。のちのフランス革命の人権宣言（1789）に先立つこと8年、世界で初めて権利としての規範力をもった人権を賦与したのは、この農奴解放令と言うべきである。

　このような観点に立って、改めて1781年勅令を整理してみる。

　まず勅令の前文の記載。

1　法令の効力が及ぶ地域→ボヘミア、モラヴィア、シュレージエン地方

　法令の適用地域が明記されている。法律として実効性が意識されている。

2　対象者の範囲→荘園領主に関わる役人、裁判官、陪審員、その他のボヘミア、モラヴィア、シュレージエン地方における臣民たち

　当時、荘園領主が持っている裁判権を国家に集中させられるかどうかが大きな関心事だった。勅令では、「裁判官、陪審員の国家への集中」が明記され、封建貴族たちが各領地で持っていた裁判権が、明確に否定されている。

　勅令の適用される対象者は、「農奴」に限定されていない。したがって、勅令の与えた権利や義務の対象者はボヘミア、モラヴィア、シュレージエン地方におけるすべての臣民たちになる。

3　権利を賦与するもの→我々荘園領主

　荘園領主「全体」が恩寵的に権利を与えると記載している。すなわち、荘園領主側も、皇帝とともに新たな権利・義務を賦与するものとして、この勅令に拘束されることになる。

　権利は、皇帝を含む封建領主たちの「恩寵の権利」であると明記されている。啓蒙君主制の限界を示している。

　次に、勅令に賦与されたオーストリア臣民の新たな権利を人権のジャンルに分類しながら整理すると、以下のようになる。

前文	①農奴制の廃止
その1	②結婚の自由

その2	③→領主からの自立、④→定住の自由、⑤→職業選択の自由、⑥→移住の自由、⑦→荘園領主に関する義務からの解放
その3	⑧手工業や技術を学ぶことの自由、⑨職業をやめることの自由、⑩生業による利益追求の自由
その4	⑪「宮廷からの職務」からの自由
その5	⑫孤児の扶養を受ける権利
その6	⑬⑭国の法令による土地関係の賦役、現金・現物による賦役の義務、⑮(行政・司法における)中央集権体制の確立

さらに、人権のカテゴリーにしたがって勅令の権利・義務関係を分類すると、以下のようになる(総論的な「前文」は除く)。

人権のカテゴリー	1781年勅令の権利	日本国憲法への対応関係
精神的自由権	②結婚の自由 ④定住の自由 ⑥移住の自由 ⑧手工業・技術を学ぶ自由	24条 22条1項 22条1項 22条1項
経済的自由権	⑤職業選択の自由 ⑧手工業・技術を学ぶ自由 ⑨職業をやめる自由 ⑩生業の自由	22条1項 22条1項、26条 22条1項 22条1項
人身の自由	③領主からの自由 ⑦荘園領主の義務からの自由 ⑪「宮廷からの職務」からの自由	18条 18条「苦役からの解放」 18条
国務請求権(受益権)	⑫孤児の扶養を受ける権利	25条
臣民の義務	⑬⑭ 国の法令による土地関係の賦役、その他の現金・現物による賦役の義務	30条「租税法律主義」

この対照のとおり、1781年勅令は不十分な表現ながら、人権のメニューとしてかなり整備された内容を持っていたことが理解できる。
「君主の恩寵」による権利という限界はあるが、この勅令発布後8年後の1789年8月に制定されたフランス人権宣言(以下「宣言」)と比較してみると、
　①「宣言」はあくまで宣言的な意味であり、実効性を持った法律としてフランス全域にわたっての裁判規範となるためには、ジャコバンの恐怖政治、ナポレオンの皇帝即位、王政復古など長期間の時間を必要とした。これに対して、ヨーゼフ勅令は、彼の皇帝在任中という限られた期間ながら、法規範としての実効性を持った。
　②「宣言」の対象者は、シトワイエン(市民権保持者)としての男性であった。したがって女性は人権賦与の対象としては想定されていなかった。これに対して1781年勅令は、すべての臣民(届出と住民票取得が前提だが)を対象としており、勅令のその1

に「結婚の自由」が記載されるなど、女性の人権にも配慮したものだった。

このように比較すると、ヨーゼフ2世の農奴廃止令は、ヨーロッパの大国において歴史上初めて登場した実効性ある人権法典と評価すべきではないだろうか。

ヨーゼフ2世は、さらに結婚関係では1783年1月に「結婚勅令」を発布する。その重要なポイントは、結婚が市民的契約であると認めたこと、および、教会での結婚を義務付けつつ、カトリックが認めていない離婚を容認したことであった。

ヨーゼフ2世の改革法は、最初から封建領主たちの強い反発があった。このため、彼が死去した時点からなし崩しになる。また、フランスの恐怖政治へのおそれや、その後に続くナポレオンの侵攻、さらにメッテルニヒ体制のもとで市民監視体制の強化など、ヨーロッパの混乱の中で、ヨーゼフ改革に対する歴史的な評価は低い。しかし、間違いなくフランス人権宣言のさきがけであり、また法規範としての実効性を有していたこと、いち早く女性の人権を正面から見据えようとした点で、フランス人権宣言をうわまわる内容を持っていたことは否定できないのではなかろうか。

付録3　年表　「モーツァルトとフランス革命」

西暦	月日	◆：モーツァルト　☼：アントワネット　†：フリーメーソン　★：その他
1738年	4月28日	†ローマ法王クレメンス12世メーソンに異端宣告（異端邪説を解く者まで入会資格を許容していたため）。
1742年	9月17日	†オーストリアで最初のロッジ「三つの規範」設立。
1752年	10月18日	★ルソー作曲の「村の占い師」、ルイ15世とポンパドゥール夫人の前で初演（フォンテーヌブロー宮殿内）。
1753年	3月1日	★「村の占い師」パリのオペラ座で上演されて大成功。2日、4日と続き、以後18世紀を通じてオペラ座の重要なレパートリーとなる。
1755年	11月2日	☼アントワネット、マリア・テレジアの11女としてウィーンのシェーンブルン宮に生まれる（長男はのちのヨーゼフ2世）。
1756年	1月27日	◆ヴォルフガング・アマデウス・モーツァルト誕生。
1761年	8月9日	★ルソー、「社会契約論」の清書を完了する。
1762年	4月13日	★オランダで印刷が完了した「社会契約論」をパリに向けて発送。以後、ジュネーブ、パリで焚書宣告が下るなど大きな話題となる。
	10月13日	◆ウィーンのシェーンブルン宮殿に伺候し、女帝マリア・テレジア、皇帝フランツ1世に謁見、クラヴィーアを演奏する。長子ヨーゼフ、マリー・アントワネットと初対面？
1764年	1月1日	◆ヴェルサイユ宮廷の宴席に伺候、ルイ15世に拝謁。
	3月10日	◆パリで最初の公開演奏会を開き評判となる。
	4月3日	★大公ヨーゼフ、フランクフルトで神聖ローマ帝国の皇帝ヨーゼフ2世として即位。
	4月27日	◆クィーンズ・パレス（のちのバッキンガム宮殿）において国王ジョージ3世と王妃に拝謁。翌年8月まで英国に滞在。
	9月23日	★母マリア・テレジア、ヨーゼフ2世の共同統治を宣言。
1766年	1月1日	★ヨーゼフ2世、父が買った多くの土地を国に返納。宮廷の浪費制限。6人の姉と廷臣の宴会を禁止。
	4月7日	★ヨーゼフ2世、一般人の楽しみのためにウィーンのプラーター地区を開放する。
1768年	秋	◆ルソーの「村の占い師」のパロディであるジング・シュピール「バスティエンとバスティエンヌ」（k.50）が作曲依頼者のメスマー博士邸で初演される。
1770年	5月16日	☼フランス王太子ルイ・オーギュストと結婚。（14歳）
1772年		◆†最初のフリーメーソン歌曲「聖「ヨハネ」ロッジの儀式のための讃歌《おお聖なる絆よ》」k.148（125h）を作曲（1774年説もある）。
	3月14日	◆ヒエローニュムス・コロレード、新たにザルツブルク大司教に選任される。
	8月21日	◆無給のコンツェルト・マイスターから有給に昇格。年給150グルデン。
1774年	5月10日	☼ルイ16世、フランス国王に即位（18歳）。
1775年	4月19日	★アメリカ独立戦争始まる（～1783年9月3日）。
1777年	8月1日	◆モーツァルト父子、旅行許可願いが認められないため、退職願の請願書を提出。父の思惑に反して退職は認められた（21歳）。
	9月23日	◆父が重いカタルにかかっていたため、母とともにパリに向けての求職のための旅行に出発。
		◆†パリに向かう途中に滞在したマンハイムでカンナビヒをはじめとする音楽家と知り合い刺激を受ける。アロイジアとの出会い。マンハイムロッジの創設者の一人ゲミンゲン男爵とも知り合う。
1778年	7月3日	◆パリでの求職活動も実を結ばぬ中、母マリーア・アンナ死去。
1779年	1月17日	◆ザルツブルク宮廷オルガニストとして復職（23歳）。
	3月31日	★ヨーゼフ2世、ウィーンで聾唖施設を開設。
1780年	11月29日	★マリア・テレジア死去。これ以後、ヨーゼフ2世の単独統治が始まる（◆25歳）。
1781年		†「真の融和」設立。ヨーゼフ2世は、ヨーゼフ改革の支援勢力をフリーメーソンとりわけ「真の融和」や「善行」のメンバーに見出そうとした。
	3月26日	†ヨーゼフ2世、皇室勅令発布（内容：いかなるロッジも海外の権威に従うべからず）。

1781年	6月11日	★ヨーゼフ2世、書物検閲を廃止。
	9月9日	◆ザルツブルク大司教コロレードとついに決裂。翌日アルコ男爵に辞職願を提出。ウィーン移住を決意（25歳）。
	10月	★「寛容令」を公布。ルター派、カルヴァン派、ギリシア正教派と、ローマ・カトリック教とを同等とする。
	11月1日	★「農奴廃止令」を公布。「臣従令」とも言われる。強制的な僕碑奉公の廃止、土地保有の容認。移動、職業選択、結婚の自由を認めた。
1782年	7月16日	◆オペラ「後宮からの誘拐」がブルク劇場で初演。御前演奏。
	8月4日	◆コンスタンツェ・ウェーバーと、シュテファン教会で結婚式。父の同意は得られず。
1783年	1月16日	★結婚勅令が公布。結婚は市民的契約であり、教会での結婚を義務としつつ、カトリックが認めていない離婚を容認。
	2月11日	†ゲミンゲン男爵は、ウィーンにロッジ「善行」を設立。モーツァルトにも入会を勧誘。
1784年	4月19日	★精神病院がウィーンで開設。
	4月22日	†オーストリアのグランド・ロッジ設立（オーストリア17、ボヘミア7、レンベルク4、ハンガリー12、ネーデルランド17）
	4月29日	◆ケルントナール劇場でヨーゼフ2世の臨席のもと演奏会を開催。ヴァイオリン・ソナタk454を初演。
	8月16日	★ウィーン総合病院が開設。
	12月1日	†ハイドン、「真の融和」に新入徒弟として加入。
	12月14日	◆†モーツァルト、フリーメーソンに加入。所属ロッジは「善行」。
1785年	1月7日	◆†イグナーツ・ボルン（「真の融和」の親方）の下で、第2位階の「職人」に昇格。
	1月10日	◆†弦楽四重奏曲ィ長調k464完成。アンダンテは昇格儀式の模様を反映。
	4月6日	◆†レオポルト・モーツァルト、新入徒弟となる。儀式は「真の融和」で行われた。
	4月22日	◆†レオポルト、親方メーソンに昇格。儀式は「真の融和」ロッジ。
	12月11日	†ヨーゼフ2世、皇室勅令発布。ウィーンのロッジの数を3つに統廃合すべし。
	12月28日	†「真の融和」「棕櫚の樹」「三羽の鷲」は合体して「真理（Warheit）」を結成。ボルン（「魔笛」のザラストロのモデル？）が親方となる。
1786年	1月	◆ヨーゼフ2世から、祝祭用のジング・シュピールの作曲を依頼される→「劇場支配人」作曲。
	1月14日	†「授冠の希望」「善行」「三つの火」が合併して「新樹冠の希望」を結成。
	5月1日	◆「フィガロの結婚」がブルク場で初演。モーツァルトが指揮。
	8月	†イグナツ・ボルン、メーソンを退会。
1789年	5月5日	★三部会がベルサイユで開催。
	7月14日	★バスティーユ監獄襲撃。フランス革命スタート（◆33歳）。
	10月5日	★ベルサイユ宮殿にパリ群衆が乱入。翌日国王一家パリのチュイルリー宮殿に幽閉。
1790年	2月20日	★ヨーゼフ2世死去。弟レオポルト2世が即位。これ以後、フリーメーソン禁止令が強化。
1791年	6月20日	★ルイ16世と国王一家　パリから脱出。翌日バレンヌで逮捕。パリに連れ戻されチュイルリー宮に軟禁される（◆35歳）。
	9月6日	◆歌劇「皇帝ティトの慈悲」、プラハ国立劇場で初演（35歳）。
	9月30日	◆「魔笛」、ウィーンのアウフ・デア・バーデン劇場で初演。モーツァルトが指揮。
	11月18日	◆自作品目録の最後となる「フリーメーソンの小カンタータ」(k623) 彼自身の指揮で初演。
	11月20日	◆病床に伏す。
	12月5日	◆午前零時55分　妻コンスタンツェとその妹のゾフィーに見守られながら死去。
1792年	6月20日	★パリ民衆、チュイルリー宮殿を襲撃。その後国王一家はタンプル塔に幽閉。
1793年	1月21日	★ルイ16世、断頭台で処刑。
	10月16日	★国費を浪費した罪などで処刑。

簗瀬　進（やなせ・すすむ）

1950年生まれ。東北大学法学部卒。1978年司法試験合格（第33期）。1981年弁護士登録（栃木県弁護士会所属）。1984年〜1990年栃木県議（2期）、1990年〜1996年衆議院議員（2期）、1998年〜2010年参議院議員（2期）。建設政務次官、参議院「日本国憲法に関する調査特別委員会」理事、参議院予算委員長など歴任。2014年昭和音楽大学副学長、2016年同学長に就任し現在に至る。

　国会では、音楽議員連盟（現文化芸術振興議連）事務局長、幹事長をつとめ音楽関係の議員立法に尽力するとともに、国会コーラス愛好会の事務局長として日比谷公会堂、九段会館でのコンサートやテレビ東京の合唱コンクールに出演するなど、音楽文化の振興をはかるための超党派の活動をつづけた。さらに栃木県民オペラ、日フィル協会合唱団、東京JSバッハ合唱団などに参加しオペラ・宗教曲の合唱を経験、また栃木古楽協会を結成してリコーダーを演奏、人間国宝山口五郎師から初伝の允可を受け尺八演奏をたしなむなど、日々音楽に親しむ日常を送っている。

音大生のための憲法講義15講

2017年2月25日　初版第1刷発行
2020年6月20日　初版第2刷発行

著者　　　　　簗瀬　進
発行者　　　　平田　勝
発行　　　　　共栄書房
〒101-0065　東京都千代田区西神田2-5-11 出版輸送ビル2F
電話　　03-3234-6948
FAX　　03-3239-8272
E-mail　master@kyoeishobo.net
URL　　http://www.kyoeishobo.net
振替　　00130-4-118277
装幀　　　　　三田村邦亮
印刷・製本　　中央精版印刷株式会社

©2017 簗瀬進
本書の内容の一部あるいは全部を無断で複写複製（コピー）することは法律で認められた場合を除き、著作者および出版社の権利の侵害となりますので、その場合にはあらかじめ小社あて許諾を求めてください

ISBN 978-4-7634-1075-7 C0032

法学館憲法研究所双書 **憲法の本** 改訂版

浦部法穂　著
定価（本体 1800 円＋税）

憲法について本気で考えたい人のための『憲法の本』。
日本国憲法が注目されているときだからこそ、憲法の原点と生命力を伝える。

法学館憲法研究所双書 **世界史の中の憲法**

浦部法穂　著
定価（本体 1500 円＋税）

憲法──その誕生と成長のものがたり。
憲法と憲法原理は、どのような歴史と現実から生まれたか。